MANŒUVRES

DE

L'INFANTERIE

Bases de l'Instruction. École du soldat.
École de peloton.
Pratique du tir. École des tirailleurs.

RÈGLEMENT DU 16 MARS 1869

Prix 75 centimes.

DIJON

LIBRAIRIE DE ROPITEAU
RUE GUILLAUME, 24
1870

MANŒUVRES

DE

L'INFANTERIE

Bases de l'Instruction
École du Soldat. École de Peloton. Pratique du tir
École des Tirailleurs

Règlement du 16 Mars 1869

DIJON

J.-E. RABUTOT, IMPRIMEUR-ÉDITEUR
place Saint-Jean, 1 et 3
1870

MANŒUVRES

DE L'INFANTERIE

DIJON, IMPRIMERIE J.-E. RABUTOT

MANŒUVRES

DE

L'INFANTERIE

TITRE PREMIER

Bases de l'Instruction

ARTICLE PREMIER

ORGANISATION D'UN RÉGIMENT.

1. Les chefs de bataillon et les capitaines sont classés d'après leur ancienneté pour le commandement des bataillons et des compagnies.

2. Le plus ancien chef de bataillon commande le premier bataillon, le plus ancien après lui commande le deuxième, et ainsi des autres.

3. Les capitaines sont classés de manière à donner aux plus anciens le commandement des divisions. Ainsi, dans un régiment de trois bataillons et de huit compagnies par bataillon, les capitaines sont classés conformément au tableau ci-après :

1er BATAILLON		2e BATAILLON		3e BATAILLON	
1er capit. plus anc.	1re comp.	2e capit. plus anc.	1re comp.	3e capit. plus anc.	1re comp.
13e id.	2e id.	14e id.	2e id.	15e id.	2e id.
4e id.	3e id.	5e id.	3e id.	6e id.	3e id.
16e id.	4e id.	17e id.	4e id.	18e id.	4e id.
7e id.	5e id.	8e id.	5e id.	9e id.	5e id.
19e id.	6e id.	20e id.	6e id.	21e id.	6e id.
10e id.	7e id.	11e id.	7e id.	12e id.	7e id.
22e id.	8e id.	23e id.	8e id.	24e id.	8e id.

4. Le classement des chefs de bataillon d'un corps non fractionné pour le cas de guerre s'opère au moment où il survient une mutation parmi les officiers de ce grade ; mais si le corps est en campagne, un chef de bataillon ne peut passer aux bataillons actifs que sur l'ordre du Ministre de la guerre.

5. Le classement des capitaines a lieu tous les trois ans, ou toutes les fois que le Ministre de la guerre l'ordonne ; chaque compagnie suit son capitaine dans la position qui lui est assignée par suite du classement.

6. Le tiercement des adjudants-majors a lieu aux mêmes époques que celui des capitaines de compagnie, et s'effectue d'après l'ancienneté dans les fonctions d'adjudant-major.

7. Chaque compagnie, quel que soit son effectif, forme dans les manœuvres un peloton.

8. Les quatre premiers pelotons de chaque bataillon forment le premier demi-bataillon, les quatre derniers pelotons, le second demi-bataillon.

Lorsque le bataillon est composé de six pelotons, les trois premiers pelotons forment le premier demi-bataillon, les trois derniers pelotons, le second demi-bataillon.

9. Le premier et le deuxième peloton de chaque bataillon forment la première division ; le troisième et le quatrième, la deuxième division ; le cinquième et le sixième, la troisième

division ; le septième et le huitième, la quatrième division.

10. Chaque peloton est partagé en deux sections ; chaque section, en deux demi-sections;
chaque demi-section, en deux escouades. Les
sections sont distinguées par la dénomination
de première et de seconde section ; les demi-
sections, par celle de première, deuxième, troisième et quatrième demi-section ; les escouades,
par celle de première, deuxième, troisième,
quatrième, cinquième, sixième, septième et huitième escouade.

11. Chaque peloton est formé sur deux rangs.
Les caporaux sont placés au premier rang, ceux
des escouades impaires à la droite de leurs escouades, et ceux des escouades paires à la
gauche. Les hommes sont placés par rang de
taille dans chaque escouade. Dans les escouades
impaires, le caporal forme, avec l'homme le
plus grand, la première file ; les deux plus
grands après celui-ci, la deuxième, et ainsi de
suite jusqu'à la dernière file, qui est composée
des deux hommes les plus petits. Dans les escouades paires, les deux hommes les plus grands
forment la première file ; les deux plus grands
après ceux-ci, la deuxième, et ainsi de suite
jusqu'à la dernière file, qui est composée du
caporal de l'escouade et de l'homme le plus
petit.

Lorsqu'une escouade se compose d'un nombre

impair d'hommes, on la complète en y faisant passer un soldat de l'escouade suivante, et la dernière file du peloton reste formée, s'il y a lieu, du caporal de la huitième escouade.

12. Dans le rang, les hommes sont placés de manière à ne sentir que très légèrement le coude de leurs voisins, afin d'avoir complètement l'aisance de leurs mouvements.

13. La distance d'un rang à l'autre est de trente-cinq centimètres, qui sont mesurés de la poitrine des hommes du second rang au dos de l'homme qui les précède dans leur file, ou à son havresac quand le soldat est chargé.

La distance entre les rangs est de quarante centimètres lorsque les hommes marchent l'arme sur l'épaule droite, et de soixante-dix centimètres lorsqu'ils marchent en colonne de route.

14. Les bataillons, les compagnies et les escouades sont égalisés, autant que possible, au moyen des incorporations, et les hommes ne doivent être changés d'escouade que dans des circonstances exceptionnelles, lorsque les besoins du service l'exigent.

Dans chaque compagnie, les soldats de première classe sont placés, autant que possible, en nombre égal dans chaque escouade.

ORDRE CONSTITUTIF D'UN RÉGIMENT EN BATAILLE

15. Les bataillons d'un régiment dans l'ordre constitutif en bataille sont formés sur la même

ligne, d'après la série de leurs numéros, en commençant par la droite, à trente pas d'intervalle (vingt mètres).

16. Les pelotons sont formés, dans chaque bataillon, d'après l'ordre de leurs numéros de la droite à la gauche, et sans aucun intervalle entre eux.

Place de bataille des officiers, sous-officiers et caporaux.

17. Le capitaine, à la droite de son peloton, au premier rang.

18. Le lieutenant, en serre-file, à deux pas derrière le centre de la seconde section.

19. Le sous-lieutenant, en serre-file, à deux pas derrière le centre de la première section.

20. Le sergent-major, derrière la seconde section, à la gauche du lieutenant.

21. Le sergent de la 1re demi-section, derrière le capitaine, au second rang. Ce sergent est désigné par le nom de sous-officier de remplacement.

22. Le sergent de la 2e demi-section, derrière la gauche de la première section, en serre-file.

23. Le sergent de la 3e demi-section, derrière la droite de la seconde section, en serre-file.

24. Le sergent de la 4e demi-section, derrière la gauche de la seconde section, en serre-file.

25. Le fourrier, derrière la première section, à la droite du sous-lieutenant.

26. Dans le dernier peloton de chaque bataillon, le sergent de la 4ᵉ demi-section est placé à la gauche du premier rang du bataillon.

27. Les caporaux, à la droite et à la gauche de chaque demi-section au premier rang, avec leurs escouades, comme il est prescrit nᵒ 11.

28. Dans les manœuvres, en l'absence du capitaine et du lieutenant d'une compagnie, le commandant du régiment désigne pour la commander, s'il le juge convenable, un lieutenant d'une autre compagnie.

En l'absence d'un chef de section, de demi-section ou d'escouade, la section, la demi-section ou l'escouade est commandée par le plus élevé en grade ou le plus ancien dans le grade immédiatement inférieur.

Place de bataille des officiers supérieurs, adjudants-majors, adjudants et médecins-majors.

29. Le colonel et tous les officiers supérieurs sont à cheval,

30. Le colonel ayant à sa droite le lieutenant-colonel, et à sa gauche le major, à soixante pas en arrière des serre-files, derrière le centre du régiment. Lorsque le major est absent, le lieutenant-colonel se place à la gauche du colonel.

31. Chaque chef de bataillon, à quarante pas des serre-files, derrière le centre de son bataillon.

32. L'adjudant-major de chaque bataillon, à

dix pas des serre-files, derrière le centre du premier demi-bataillon.

33. L'adjudant de chaque bataillon, à dix pas des serre-files, derrière le centre du second demi-bataillon.

34. Lorsque les médecins-majors ou aides-majors sont à pied, ils sont placés à quatre pas de la droite de leur bataillon, et lorsqu'ils sont à cheval, à dix pas derrière la droite de leur bataillon.

Place de bataille des sapeurs, tambours, clairons et musiciens.

35. Les sapeurs, sur deux rangs, à la droite du régiment, ayant leur gauche à dix pas du premier peloton. Le caporal-sapeur, à la droite des sapeurs, au premier rang.

36. Dans chaque bataillon, les tambours sur deux rangs, avec les clairons derrière eux, également sur deux rangs, à vingt pas des serre-files derrière le premier peloton du second demi-bataillon; le tambour-major, à la tête des tambours du premier bataillon; le caporal-tambour de ce bataillon, à la droite de ces tambours, au premier rang; les caporaux-tambours des autres bataillons, à la tête des tambours de ces bataillons; les musiciens à deux pas derrière les tambours du premier bataillon.

Place de bataille du drapeau.

37. Dans les régiments de deux bataillons, le drapeau est placé au premier bataillon, et dans les régiments de trois ou quatre bataillons, au deuxième; dans les autres bataillons, le drapeau est remplacé par un fanion qui a, dans les manœuvres, la désignation de drapeau, et qui est porté par un sous-officier choisi parmi les fourriers.

38. Dans le bataillon qui a le drapeau du régiment, la garde du drapeau est composée de deux fourriers et de trois soldats de première classe, choisis par le commandant du régiment.

39. Dans les bataillons qui ont un fanion pour drapeau, la garde du fanion est composée de cinq soldats de première classe.

40. Le premier rang de la garde du drapeau est formé du porte-drapeau, ayant à sa droite et à sa gauche les deux fourriers, et le second rang, des trois soldats de première classe.

41. Le premier rang de la garde de chaque fanion est composé du porte-fanion, ayant à sa droite et à sa gauche deux soldats de première classe, et le second rang, des trois autres soldats de première classe.

42. Le drapeau et les fanions, avec leur garde, sont placés à la gauche de la seconde section du dernier peloton du premier demi-bataillon, et font partie de cette section.

Place de bataille des guides généraux.

43. Il y a deux guides généraux dans chaque bataillon; ils sont pris parmi les fourriers qui ont le plus de régularité tant pour la position sous les armes que pour la marche.

44. Les guides généraux sont placés sur le rang des serre-files, derrière la droite du premier peloton et derrière la gauche du dernier. Ils sont désignés par les noms de *guide général* de droite et de *guide général* de gauche.

ORDRE CONSTITUTIF D'UN RÉGIMENT EN COLONNE.

45. Les bataillons d'un régiment dans l'ordre constitutif en colonne sont placés les uns derrière les autres d'après la série de leurs numéros, en conservant entre eux une distance égale au front d'un peloton plus trente pas, mesurée du guide du peloton de tête de chaque bataillon au guide du peloton de queue du bataillon qui le précède.

46. Dans chaque bataillon, les pelotons sont placés les uns derrière les autres, à distance de peloton mesurée d'un guide à l'autre.

Place de colonne des officiers, sous-officiers
et caporaux.

47. La place de colonne des officiers, sous-officiers, caporaux et guides généraux, est la même qu'en bataille, à l'exception de celle du

capitaine et des sergents de la 1re et de la 4e demi-section.

48. Le capitaine, à deux pas devant le centre de son peloton.

49. Le sergent de la 1re demi-section, au premier rang, à la place du capitaine, et le sergent de la 4e demi-section, à la gauche du premier rang du peloton ; l'un et l'autre sont les guides du peloton dans les manœuvres.

Place de colonne des officiers supérieurs, adjudants-majors, adjudants et médecins-majors.

50. Le colonel se tient habituellement sur le flanc de la colonne, du côté des guides. Il se porte, d'ailleurs, partout où sa présence est nécessaire.

51. Le lieutenant-colonel, à vingt pas sur le flanc de la colonne, du côté des guides, à hauteur de la tête du premier bataillon. Le major, près du lieutenant-colonel.

52. Chaque chef de bataillon, à quinze pas sur le flanc de la colonne, du côté des guides, à hauteur du centre de son bataillon.

53. Chaque adjudant-major, sur le flanc de la colonne, du côté des guides, à deux pas à hauteur du peloton de tête de son bataillon.

54. Chaque adjudant, sur le flanc de la colonne, du côté des guides, à deux pas à hauteur du peloton de queue de son bataillon.

55. Les médecins-majors ou aides-majors, sur

le flanc de la colonne, du côté opposé aux guides, à deux pas à hauteur du peloton de queue de leur bataillon.

Place de colonne des sapeurs, tambours, clairons et musiciens.

56. Les tambours et les clairons de chaque bataillon, sur le flanc de la colonne, du côté opposé aux guides, à dix pas à hauteur du premier peloton du second demi-bataillon.

57. Les sapeurs, sur deux rangs à quatre pas en avant, le caporal sapeur à deux pas devant le centre des sapeurs, et les musiciens à deux pas en arrière des tambours et clairons du premier bataillon.

DISPOSITIONS POUR LES REVUES DES INSPECTEURS GÉNÉRAUX ET DES GÉNÉRAUX.

Revue d'ensemble et d'effectif.

58. Le régiment est formé, pour une revue d'ensemble, dans l'ordre constitutif en bataille.

59. Lorsque la compagnie hors rang doit prendre les armes, sa place est à la gauche du régiment. Les enfants de troupe sont placés sur deux rangs, à la gauche de la compagnie hors rang.

60. Le capitaine instructeur de tir, le capitaine-trésorier, le capitaine d'habillement, et dans les bataillons formant corps, le capitaine-major, sont placés sur un rang, dans l'ordre de leur ancienneté, l'officier payeur derrière son capitaine, au second rang, à quatre pas de la droite du régiment. Lorsque le médecin-major est à pied, il se place à la droite des officiers de l'état-major, s'il est de première classe, et à la gauche des capitaines, s'il est de seconde classe.

Les cantinières sont derrière les tambours de chaque bataillon.

61. Lorsque l'inspecteur général arrive sur le terrain, le colonel, après avoir fait porter les armes et ordonné aux tambours de rappeler ou d'être prêts à battre, suivant le grade de l'inspecteur général, se porte vivement au-devant de lui, le salue de l'épée et reste à portée de recevoir ses ordres. En l'accompagnant pendant la revue, il lui cède le côté de la troupe.

62. L'inspecteur, après avoir passé devant le front du régiment, ordonne au colonel de faire rompre par peloton. Le mouvement exécuté, les pelotons sont formés sur un rang, les officiers, les sous-officiers et les caporaux à la droite, les soldats à leurs numéros de contrôle annuel; le grand et le petit état-major se réunissent en tête du régiment.

63. Le colonel, le lieutenant-colonel, le major, les chefs de bataillon et les capitaines pour leurs bataillons et leurs compagnies, le trésorier, le capitaine d'habillement et le médecin-major de première classe accompagnent l'inspecteur général.

64. Quand la revue est terminée, l'inspecteur général fait défiler le régiment devant lui.

65. Le régiment est formé de la manière prescrite, n°s 58 et suivants, pour les revues mensuelles et trimestrielles des généraux.

Revue de détail.

66. Lorsque l'inspecteur général passe la revue de détail, le régiment est à l'avance formé en colonne par compagnie et sur un rang ; les officiers, les sous-officiers et les caporaux sont à la droite de leur compagnie, section, demi-section et escouade.

DISPOSITIONS POUR LES REVUES DES INTENDANTS ET DES SOUS-INTENDANTS MILITAIRES.

67. Lorsque l'intendant (ou le sous-intendant) passe la revue sur le terrain, le régiment est à l'avance formé en colonne par compagnie et sur un rang ; les officiers, les sous-officiers et les caporaux à la droite ; les tambours, les enfants de troupe et les soldats à leurs numéros de contrôle annuel ; le grand et le petit état-major, ainsi que la compagnie hors rang, en tête du régiment.

68. Lorsque l'intendant (ou le sous-intendant) se présente à la tête d'une compagnie, le capitaine met le sabre à la main, fait porter les armes et lui remet la feuille d'appel. L'intendant (ou le sous-intendant) fait lui-même l'appel des

officiers ; le sergent-major fait, en arrière du rang, l'appel des sous-officiers et des soldats.

69. La revue sur le terrain terminée, les compagnies, conduites par les capitaines et sous la direction des chefs de bataillon, défilent par le flanc, sans doubler les files, devant l'intendant militaire (ou le sous-intendant, ou l'adjoint) placé entre le colonel et le lieutenant-colonel ; le major se tient à la droite du colonel ; les tambours défilent à la tête de leurs compagnies ; la compagnie hors rang défile en tête des compagnies ; les officiers de compagnie ont le sabre à la main, et les soldats l'arme sur l'épaule droite.

ORDRE EN COLONNE POUR DÉFILER.

70. Les honneurs du défilé sont exclusivement attribués :

Au chef du pouvoir exécutif,

Aux ministres de la guerre et de la marine,

Aux maréchaux et amiraux,

Aux généraux de division et vice-amiraux,

Aux généraux de brigade et contre-amiraux,

Aux officiers supérieurs exerçant titulairement un commandement territorial.

Les chefs de corps et les officiers placés, à quelque titre que ce soit, à la tête d'une troupe, font aussi défiler cette troupe ; mais ils commandent eux-mêmes le défilé, qui n'a pas, dans ce cas, le caractère que lui attribue le paragraphe précédent.

Le commandant des troupes voulant faire défiler, fait former la troupe en colonne par peloton ou par division. Il fait placer deux ou trois jalonneurs en avant de la tête de la colonne, à environ cent cinquante pas les uns des autres, pour assurer sa direction. Ces jalonneurs sont successivement relevés par chaque régiment lorsque la tête de colonne de chacun d'eux est près d'arriver à leur hauteur. Le commandant des troupes commande ensuite :

Pour défiler.

Ce commandement ayant été répété, les sapeurs, les tambours et les musiciens de chacun des régiments de la colonne se portent à la tête de leurs régiments et se placent de la manière indiquée (*planche 1re, fig. 1re*).

Le commandant des troupes met ensuite la colonne en marche, l'arme sur l'épaule droite, en observant de faire prendre le guide du côté où est placée la personne à qui on doit rendre les honneurs.

Les régiments prennent en marchant au moins soixante pas de distance de l'un à l'autre, les brigades quatre-vingts pas, et les divisions cent pas.

Ils défilent soit au port d'armes, soit l'arme sur l'épaule droite, suivant l'ordre qui en est donné.

La musique commence à jouer à environ cinquante pas de la personne à qui l'on rend les honneurs, et si le défilé doit se faire au port d'arme, le chef du premier bataillon fait, à ce moment, porter les armes.

Lorsque les tambours et la musique de chaque régiment ont dépassé de trente pas environ la personne devant laquelle on défile, le tambour-major fait déboîter les tambours et la musique de la colonne par un mouvement de flanc du côté opposé au guide. Arrivé à hauteur de l'officier qui fait défiler, il fait faire par file à droite ou par file à gauche aux tambours et à la musique; dans ce mouvement, les tambours marchent l'espace nécessaire pour permettre à la musique de se placer entre eux et la personne qui fait défiler. Dès que les dernières files de chacun de ces pelotons ont conversé, le tambour-major arrête les deux pelotons et leur fait faire front, face au flanc de la colonne (*planche* 1re, *fig.* 2). La musique continue à jouer jusqu'à ce que la dernière subdivision du régiment ait défilé. Alors elle cesse, et prend, ainsi que les tambours, la queue du régiment.

Les autres bataillons de la colonne portent les armes au commandement de leurs chefs respectifs, à mesure qu'ils arrivent à cinquante pas de la personne à qui l'on rend les honneurs, et remettent ensuite de même l'arme sur l'épaule droite, lorsque leur dernière subdivision l'a dépassée d'environ le même nombre de pas.

Lorsque les tambours et les musiciens du deuxième régiment ont défilé, ils vont se former à la même place que ceux du premier, et y restent, la musique continuant à jouer jusqu'à ce que la dernière subdivision de leur régiment les ait dépassés; ils se portent alors derrière cette subdivision, et ainsi de suite, de régiment en régiment, jusqu'au dernier.

Le commandant des troupes se place à dix pas en avant du commandant de la première brigade, ayant son chef d'état-major près de lui et un peu en arrière, du côté opposé aux guides, et derrière lui, sur un rang, ses aides de camp et les officiers de son état-major. Après avoir fait le salut, il va, suivi de son état-major, se placer en face de la personne à laquelle on rend les honneurs. Lorsque le défilé est terminé, il se porte rapidement vers cette personne, la salue de nouveau et prend ses ordres.

Tous les officiers généraux continuent à marcher à la tête de leurs troupes respectives. Les commandants des brigades défilent à la tête de leurs brigades, à six pas en avant du colonel du premier régiment, ayant leurs aides de camp près d'eux et un peu en arrière, du côté opposé aux guides.

Les colonels défilent à la tête de leurs régiments, à quatre pas en avant des officiers supérieurs. Le lieutenant-colonel, ayant le chef du bataillon de tête et le major près de lui, du côté opposé aux guides, défile à six pas en avant du chef de la première subdivision.

Les chefs des bataillons suivants défilent à six pas en avant de la subdivision de tête de leur bataillon.

L'adjudant-major de chaque bataillon défile sur le flanc de la colonne, à deux pas, du côté opposé au guide, et à hauteur de la première subdivision de son bataillon. L'adjudant défile de même à hauteur de la dernière.

Les médecins-majors ou aides-majors défilent à deux pas en dehors de l'adjudant-major du bataillon auquel ils sont attachés.

Le capitaine instructeur de tir, le capitaine-trésorier, le capitaine d'habillement, le capitaine-major dans les bataillons formant corps, l'officier payeur et le médecin-major attaché au premier bataillon, s'il n'est pas à cheval, défilent à deux pas en dehors de l'adjudant-major du premier bataillon, placés entre eux comme il est prescrit n° 60.

Si le médecin-major attaché au premier bataillon est à cheval, il défile sur le flanc extérieur des officiers ci-dessus désignés.

Lorsque la compagnie hors rang prend les armes, elle défile à distance de peloton de la dernière subdivision du régiment, avec les enfants de troupe disposés sur deux rangs derrière elle, également à distance du peloton.

Tous les autres officiers et sous-officiers marchent à leurs places de colonne.

Les cantinières défilent à deux pas derrière les serre-files de la dernière subdivision de leur bataillon.

Les soldats et les guides conservent la tête directe en défilant ; les officiers supérieurs et les chefs des subdivisions fixent les yeux sur la personne à qui l'on rend les honneurs en passant devant elle, et en avançant un peu l'épaule opposée.

Le défilé a lieu en colonne à distance entière, ou par bataillon en masse, et dans ce dernier cas les bataillons prennent entre eux la demi-distance.

Si la colonne est composée d'un nombre considérable de bataillons, le commandant des troupes peut la mettre en marche au pas de route. Les chefs de bataillon font prendre le pas cadencé et porter les armes ou mettre l'arme sur l'épaule droite, à mesure que les bataillons arrivent à cinquante pas de la personne à qui l'on rend les honneurs, et font reprendre le pas de route dès que leur dernière subdivision l'a dépassée d'environ le même nombre de pas.

Tout officier qui fait défiler doit saluer la personne à qui l'on rend les honneurs.

Lorsque les troupes défilent :

Devant le Chef du Pouvoir exécutif,

Les commandants des troupes, quel que soit leur grade, les officiers supérieurs et officiers de tout grade saluent de l'épée ou du sabre ;

Les drapeaux et étendards saluent.

Devant les ministres de la guerre ou de la marine,

les maréchaux ou amiraux,

les généraux de division ou vice-amiraux commandants en chef,

les généraux de division commandants territoriaux,

les préfets maritimes,

les généraux de division inspecteurs généraux,

Les commandants des troupes et les officiers supérieurs, seulement, saluent de l'épée ou du sabre;

Les drapeaux et étendards saluent. Toutefois, le salut des drapeaux et étendards n'est attribué aux généraux de division inspecteurs généraux, que la première et la dernière fois qu'ils voient les troupes, et les commandants seuls des troupes les saluent de l'épée ou du sabre.

Devant les généraux de brigade commandants territoriaux,

les généraux de brigade inspecteurs généraux :

Les officiers supérieurs ne saluent ces officiers généraux que lors de leur prise de possession ou première entrée dans une place, s'ils sont commandants territoriaux ou préfets maritimes; ou la première et la dernière fois qu'ils voient les troupes, s'ils sont inspecteurs généraux.

Les drapeaux et étendards ne saluent pas.

Devant les généraux de brigade et contre-amiraux employés :

Les commandants des troupes saluent de l'épée ou du sabre.

Les officiers supérieurs, drapeaux et étendards ne saluent pas.

En défilant, les médecins militaires, chefs de musiue et chefs armuriers ne saluent pas. Ils gardent épée ou le sabre au fourreau.

HONNEURS A RENDRE AU DRAPEAU.

Composition et marche du détachement qui va chercher le drapeau.

71. Lorsque le drapeau doit sortir, une compagnie du régiment est commandée à tour de rôle pour l'aller chercher, et se met en marche dans l'ordre suivant :

72. Le tambour-major et les tambours du bataillon dont fait partie le détachement, suivis de la musique; le détachement formé en colonne par section et portant l'arme sur l'épaule droite; le porte-drapeau entre les deux sections.

73. Le détachement marche dans cet ordre, sans bruit de caisse ni de musique. Arrivé au logement du commandant du régiment, il se forme en bataille vis-à-vis la porte d'entrée; les tambours et la musique se forment à la droite du détachement.

74. Aussitôt que le détachement est en bataille, le porte-drapeau, accompagné du lieutenant et de deux sous-officiers du détachement, va prendre la drapeau.

75. Lorsque le porte-drapeau, suivi du lieutenant et de deux sous-officiers, sort avec le drapeau, il s'arrête devant la porte; le commandant du détachement fait présenter les armes, salue de l'épée ou du sabre, et les tambours battent au drapeau.

76. Après trois ou quatre reprises, le commandant du détachement fait cesser de battre; il fait ensuite porter les armes et rompre par section; le porte-drapeau va se placer entre les deux sections, ayant un sous-officier à sa droite et l'autre à sa gauche; le lieutenant reprend sa place.

77. Le commandant du détachement le remet ensuite en marche, dans le même ordre que ci-dessus, pour se rendre au lieu de l'assemblée du régiment; les tambours battent.

78. A l'arrivée du drapeau, les tambours cessent de battre, et le détachement qui a été le chercher s'arrête à vingt pas du régiment; le commandant du régiment fait présenter les armes et battre au drapeau, et se place à six pas en avant de la file du drapeau. Le porte-drapeau, toujours accompagné des deux sous-officiers, se porte à dix pas en avant du commandant du régiment, et lui fait face; le

commandant du régiment salue alors le drapeau, ce qui étant exécuté le porte-drapeau prend sa place de bataille, les deux sous-officiers rejoignent leur compagnie, et le régiment porte les armes.

79. Le détachement et les tambours vont reprendre leur place de bataille, en passant derrière le régiment.

80. Le drapeau est reconduit au logement du commandant du régiment dans l'ordre prescrit ci-dessus, et reçoit les mêmes honneurs.

PORT DE L'ÉPÉE OU DU SABRE.

81. La poignée dans la main droite, qui est placée un peu au-dessous de la hanche droite, la lame appuyée à l'épaule, le bras très peu ployé, le coude en arrière et près du corps sans le serrer.

SALUT DE L'ÉPÉE OU DU SABRE.

Trois temps.

Un.

82. A six pas de la personne qu'on doit saluer, élever l'épée ou le sabre verticalement, la pointe en haut, le plat de la lame vis-à-vis l'œil droit, la garde à hauteur de l'épaule, le coude appuyé au corps.

Deux.

83. Baisser la lame en étendant le bras, de manière que la main droite soit placée, les on-

gles en dessus, à côté de la cuisse droite, et rester dans cette position jusqu'à ce que la personne qu'on a saluée soit dépassée de six pas.

Trois.

84. Relever l'épée ou le sabre, et placer la lame contre l'épaule droite, au port de l'arme.

SALUT DU DRAPEAU.

85. Dans le rang, les porte-drapeaux, soit de pied ferme, soit en marchant, portent le drapeau le talon à la hanche droite, et lorsque les drapeaux doivent rendre les honneurs, les porte-drapeaux saluent de la manière suivante :

La personne qu'on doit saluer étant éloignée de six pas, élever la main droite le long de la hampe jusqu'à ce qu'elle soit arrivée à hauteur de l'œil ; baisser la hampe en allongeant le bras droit de toute sa longueur, sans que le talon du drapeau quitte la hanche, et relever la lance lorsque la personne qu'on a saluée est dépassée de six pas.

HONNEURS A RENDRE AU SAINT-SACREMENT.

86. On se conforme aux prescriptions de l'art. 307 du règlement sur le service des places. Les soldats mettent le genou droit à terre au commandement de *genou* = A TERRE, en prenant la position du deuxième mouvement de la position du tireur à genou, mais sans s'asseoir sur le talon droit, et portent la main droite à la coiffure,

puis ils se relèvent au commandement de DE-
BOUT, et portent les armes.

HONNEURS FUNÈBRES.

87. On se conforme aux prescriptions de l'art.
374 du règlement sur le service des places. Les
détachements qui marchent en colonne ont
l'arme sur l'épaule droite, et ceux qui marchent
en haie ont l'arme sous le bras droit, la baguette
en dessus, la main à la hanche, la crosse sous
l'aisselle, le bout du canon bas.

ARTICLE SECOND.

INSTRUCTION.

Devoirs et attributions de chaque grade.

88. Le colonel est responsable de toutes les
parties de l'instruction du régiment; il exige
que le règlement sur les manœuvres soit ponc-
tuellement suivi.

Le colonel ne doit rien négliger pour développer l'instruction du tir, en propager le goût, et
mettre en honneur dans son régiment cette portion si essentielle de l'instruction. Son attention
doit aussi se porter particulièrement sur l'enseignement de l'école des tirailleurs, qui est
d'autant plus profitable qu'elle est faite sur des
terrains variés.

89. Le lieutenant colonel est spécialement

chargé de l'instruction. Il fait aux officiers la théorie sur l'école de régiment; il préside les conférences sur le tir qui leur sont faites par le capitaine instructeur, et dirige leurs séances de tir sur le terrain. Afin d'uniformiser le ton du commandement dans le régiment, il fait faire en sa présence une école d'intonation aux officiers. Il surveille l'instruction des recrues.

90. Les chefs de bataillon sont responsables de l'instruction de leur bataillon. Ils font aux officiers la théorie sur les écoles du soldat, de peloton, des tirailleurs et de bataillon, ainsi que sur le cours de tir. Ils assistent au tir des compagnies.

91. Les adjudants-majors sont chargés de l'instruction théorique et pratique, et de l'école d'intonation des sous-officiers et des caporaux de leur bataillon.

92. Le capitaine instructeur de tir est placé sous les ordres directs du lieutenant-colonel pour tout ce qui concerne l'instruction du tir du régiment; il fait les conférences de tir aux officiers; il est chargé, avec l'aide des officiers instructeurs des bataillons, des exercices préparatoires du tir (articles iv et v de la seconde partie de l'École du soldat) des sous-officiers et des caporaux du régiment, et des jeunes soldats; il fait exécuter, en outre, à ces derniers, le tir à la cible. Il assiste à toutes les séances de tir du régiment.

Il surveille l'entretien et les réparations de l'armement; le chef armurier est placé, à cet égard, sous sa direction particulière. Il constate, par sa signature sur les bulletins des compagnies, que les réparations ont été bien faites; la comptabilité reste confiée au lieutenant d'armement.

93. Les capitaines sont responsables de l'instruction de leur compagnie; ils doivent faire tous leurs efforts pour entretenir le goût du tir.

94. Les officiers instructeurs de tir des bataillons sont les adjoints et les suppléants du capitaine instructeur du régiment, comme il est dit n° 92.

Ils assistent au tir à la cible des compagnies de leur bataillon, et constatent les résultats obtenus à chaque séance.

Ils font un cours réduit de tir à ceux des sous-officiers et des caporaux qui peuvent le suivre avec fruit.

Dans un bataillon détaché, ils remplissent les fonctions de capitaine instructeur.

95. Les adjudants sont chargés de l'instruction théorique et pratique des caporaux de leur bataillon, sous la surveillance des adjudants-majors.

96. Les sergents et les caporaux adjoints de tir des compagnies sont attachés à l'instruction des jeunes soldats. Les sergents de tir reçoivent les munitions et les distribuent suivant les

ordres de leur capitaine ; ils concourent à la surveillance du transport, de la conservation, de la réparation des cibles et du matériel d'instruction.

INSTRUCTION DES OFFICIERS.

97. L'instruction des officiers embrasse tout ce que renferme le présent règlement et le cours de tir. Cependant l'école de régiment n'est pas exigée des lieutenants et des sous-lieutenants. Nul officier n'est réputé instruit s'il n'est en état de commander et d'expliquer parfaitement les parties du règlement qu'il doit connaître.

Les capitaines, les lieutenants et les sous-lieutenants sont tenus d'exécuter annuellement la série des tirs individuels des tireurs de première classe.

INSTRUCTION DES SOUS-OFFICIERS.

98. Les sous-officiers doivent pouvoir enseigner les écoles du soldat, de peloton et des tirailleurs. Ils doivent aussi connaître les diverses fonctions de guides dans les manœuvres de bataillon et la pratique du tir (titre IV du présent règlement). Comme leur instruction a principalement pour objet de les mettre en état de bien instruire les soldats, les adjudants-majors leur font expliquer, d'abord dans les théories particulières, et ensuite pratiquer sur le terrain, les écoles du soldat, de peloton et des tirailleurs.

Ils sont réunis par bataillon pour former un peloton avec l'adjonction des caporaux et élèves caporaux du bataillon, et on leur fait remplir alternativement les fonctions de chef de peloton, de chefs de section et de guides, et même celles d'instructeur lorsque leur instruction est suffisamment avancée.

INSTRUCTION DES CAPORAUX.

99. Les caporaux doivent pouvoir enseigner l'école du soldat, et être en état de remplir les fonctions de chefs d'escouade à l'école des tirailleurs. Ils sont, en outre, exercés aux fonctions de guides.

100. Les soldats proposés pour l'avancement reçoivent la même instruction que les caporaux. Il leur est donné une instruction théorique et pratique qui est placée sous la direction spéciale d'un officier ; le lieutenant-colonel se fait rendre compte fréquemment de leur application et de leurs progrès.

INSTRUCTION DES RECRUES.

101. Elle comprend les écoles du soldat, de peloton, des tirailleurs, et la pratique du tir.

Elle est faite suivant une progression que le chef de corps détermine en raison du temps dont on dispose. Lorsque, dans des circonstances exceptionnelles, on est forcé de hâter l'instruction, on s'applique particulièrement à enseigner la charge, les positions du tireur, les mouvements de joue et de feu, la marche, l'école des tirailleurs, et l'on fait exécuter le tir à la cible.

L'instruction des recrues est confiée à un officier supérieur. On y attache un capitaine et le nombre d'officiers, sous-officiers et caporaux nécessaire, choisis parmi ceux qui ont le plus d'aptitude, et pris, autant que possible, en nombre égal dans chaque compagnie. L'officier supérieur veille, avec la plus grande attention, à ce que les instructeurs aient pour les hommes de recrue la douceur et la patience avec lesquelles ces derniers doivent toujours être traités.

Les hommes de recrue sont exercés habituellement deux fois par jour, et la durée de chaque exercice est réglée, selon les circonstances, par le chef de corps.

A leur arrivée au régiment, les premiers jours sont employés à les exercer aux principes d'assouplissement, tels qu'ils sont décrits dans l'instruction ministérielle du 24 avril 1846 (tit. II, chapitre Ier), à les initier aux détails de discipline, de police et de service intérieur, et à leur enseigner le démontage, le remontage et l'entretien de l'arme.

L'enseignement de l'école du soldat suit cette première instruction, sur laquelle on doit revenir de temps à autre.

Lorsque les hommes de recrue connaissent

le mécanisme de la charge, ils sont mis entre les mains du capitaine instructeur de tir pour les exercices préparatoires de tir (articles IV et V de la seconde partie de l'École du soldat).

Lorsqu'un certain nombre de recrues sont en état de passer à l'école de peloton, l'officier supérieur donne l'ordre de les réunir, et désigne les officiers et sous-officiers qui doivent être chargés de cette instruction. L'enseignement de l'école des tirailleurs peut être mené de front avec celui de l'école de peloton ; mais chaque fois qu'on exécute l'école des tirailleurs, le peloton doit être complété en sergents et caporaux.

Lorsque l'officier supérieur juge que des hommes de recrue sont en état d'être admis à l'école de bataillon, ceux-ci sont présentés au lieutenant-colonel, qui s'assure que leur instruction est complète, et leur admission à l'école de bataillon est prononcée par le colonel ; mais il n'en est fait mention sur leur livret qu'autant qu'ils ont achevé leur tir à la cible.

L'officier supérieur fait tenir, par un des officiers attachés aux recrues, un contrôle nominatif des jeunes soldats, sur lequel on inscrit leurs mutations, en indiquant leur degré d'instruction au moment où la mutation s'est produite.

Tous les samedis l'officier supérieur fait établir une situation sommaire ; elle est numérique pour les hommes dont l'instruction suit un cours régulier, et nominative pour ceux qui sont absents ou dont l'instruction est en retard. On y porte les mutations survenues parmi les instructeurs.

L'instruction des hommes de la deuxième portion du contingent est faite entièrement par les soins de leurs commandants de compagnie.

INSTRUCTION DU RÉGIMENT.

102. La reprise annuelle de l'instruction des officiers, sous-officiers et caporaux doit précéder celle du régiment.

L'instruction du régiment est faite suivant une progression arrêtée par le chef de corps, et réglée de manière qu'à l'inspection générale le régiment ait successivement parcouru toutes les parties du présent règlement. Elle commence habituellement le premier avril, époque de la rentrée des semestriers, et plus tôt lorsque le climat le permet; dans ce cas, les semestriers forment, à leur retour, une classe séparée qui répète ce que le régiment a déjà exécuté; cette classe peut, au besoin, être exercée deux fois par jour.

Les exercices ont lieu tous les jours, excepté le samedi et le dimanche; toutefois, lorsque l'instruction est en retard, l'exercice a lieu le samedi matin.

La durée de chaque exercice est de deux

heures, non compris les repos et le temps nécessaire pour se rendre sur le terrain.

Lorsqu'on exécute l'école de bataillon et l'é-
cole de régiment, on doit faire un fréquent
usage des tirailleurs.

On ne doit pas perdre de vue que ce n'est que
par une pratique constante des exercices préparatoires de tir et du tir dans les chambres,
que l'on peut arriver à augmenter le nombre
des habiles tireurs; on doit revenir incessam-
ment sur ces exercices, surtout pendant l'hiver,
en y consacrant chaque fois de courtes séances.

Dès que l'instruction est assez avancée, le colonel fait faire des applications de manœuvres,
en supposant des circonstances de guerre et en
utilisant les terrains accidentés qui se trouvent
à sa disposition.

Le régiment exécute des marches militaires
en se conformant aux prescriptions de l'art. 229
du règlement sur le service intérieur.

TITRE DEUXIÈME.

École du Soldat

RÈGLES GÉNÉRALES ET DIVISION DE L'ÉCOLE DU SOLDAT.

1. Cette école, qui a pour objet l'instruction individuelle, dont dépend l'instruction des compagnies, des bataillons et du régiment, doit être enseignée avec le plus grand soin. L'instructeur donne l'explication de chaque mouvement en peu de paroles, claires et précises, et l'exécute toujours lui-même afin de joindre l'exemple au principe. Il accoutume les soldats à prendre d'eux-mêmes la position démontrée, ne les touche, pour la rectifier, que lorsque leur défaut d'intelligence l'y oblige ; il soutient leur attention par un ton animé, ne les arrête point trop longtemps sur les mêmes mouvements, et n'exige que progressivement qu'ils soient faits avec précision et ensemble.

2. Il y a deux sortes de commandements : les commandements d'*avertissement* et ceux d'*exécution*.

3. Les commandements d'avertissement (indiqués dans le texte par des lettres italiques) sont

prononcés distinctement et dans le haut de la voix, en allongeant un peu la dernière syllabe.

4. Les commandements d'exécution (distingués dans le texte par des majuscules) sont prononcés d'un ton ferme et bref.

5. Les commandements dont l'indication est séparée dans le texte par des tirets sont coupés de même dans l'énonciation.

6. L'École du soldat est divisée en deux parties : la première partie comprend ce qu'on doit enseigner au soldat indépendamment de l'arme, et la seconde, ce qu'on doit lui apprendre pour faire usage de son arme.

Ces deux parties sont enseignées simultanément sur le terrain, suivant une progression réglée par le chef de corps.

Le texte de l'Ecole du soldat, en gros caractère, doit être appris littéralement.

7. Chaque partie est divisée en six articles, ainsi qu'il suit :

PREMIERE PARTIE.

SECONDE PARTIE.

Article VI. — Escrime à la baïonnette (n°s 284 à 314).

Port de la hache (n° 315).

PREMIÈRE PARTIE.

8. Les trois premiers articles de la première partie sont enseignés, autant que possible, homme par homme, ou au plus à quatre hommes à la fois. On les fait placer alors sur un rang, à un pas d'intervalle.

L'enseignement des trois derniers articles a lieu en réunissant huit hommes au moins, ou au plus douze, qu'on fait placer sur un rang, coude à coude, et numéroter de la droite à la gauche.

Le soldat exécute les mouvements des articles II, III, IV, V et VI, d'abord sans arme, et ensuite avec l'arme.

ARTICLE I.

POSITION DU SOLDAT SANS ARME.

9. Les talons sur la même ligne et rapprochés autant que la conformation de l'homme le permet, les pieds un peu moins ouverts que l'équerre et également tournés en dehors, les genoux tendus sans les roidir, le corps d'aplomb sur les hanches et penché en avant, les

épaules effacées et également tombantes, les bras pendant naturellement, les coudes près du corps, la paume de la main un peu tournée en dehors, le petit doigt en arrière de la couture du pantalon, la tête droite sans être gênée, les yeux fixés droit devant soi.

ARTICLE II.

A DROITE, A GAUCHE.

10. L'instructeur commande :

1. *Peloton par le flanc droit* (ou *gauche*).
2. A DROITE (OU A GAUCHE).

11. Au second commandement, tourner sur le talon gauche d'un quart de cercle à droite (ou à gauche), en élevant un peu la pointe du pied gauche; rapporter en même temps le talon droit à côté du gauche et sur la même ligne.

OBSERVATION.

12. Le demi à droite (ou le demi à gauche) s'exécute comme un à droite (ou un à gauche) ; mais le mouvement n'est que d'un demi-quart de cercle.

DEMI-TOUR A DROITE.

13. Le demi-tour à droite s'exécute en deux temps.

L'instructeur commande :

1. *Peloton.*
2. DEMI-TOUR === A DROITE.

Premier temps.

14. Au commandement de *demi-tour*, faire un demi à droite sur le talon gauche ; placer le pied droit en équerre, le milieu du pied vis-à-vis et à environ dix centimètres du talon gauche.

Second temps.

15. Au commandement de *à droite*, tourner sur les deux talons, en élevant un peu la pointe des pieds, les jarrets tendus ; faire face en arrière, et rapporter ensuite vivement le talon droit à côté du gauche.

16. L'instructeur veille à ce que ces mouvements ne dérangent pas la position du corps.

17. Lorsque l'instructeur veut faire passer le soldat de l'état d'attention à celui de repos, il commande :

REPOS.

18. A ce commandement, le soldat n'est plus tenu à garder l'immobilité ni la position.

19. L'instructeur voulant lui faire reprendre la position et l'immobilité, commande :

    1. *Garde à vous.*

    2. PELOTON.

20. Au premier commandement, le soldat fixe son attention. Cette règle est générale.

Au second, il reprend la position prescrite n° 9.

OBSERVATION.

21. Lorsque le soldat a l'arme, *à droite*, les *à gauche*, et le demi-tour à droite s'exécutent soit au port d'arme, soit l'arme au pied. Dans ce dernier cas, le soldat soulève légèrement son arme avec la main droite.

ARTICLE III.

Principes des différents pas.

PAS ACCÉLÉRÉ.

22. La longueur du pas accéléré est de soixante-cinq centimètres à compter d'un talon à l'autre, et sa vitesse de cent dix par minute.

23. L'instructeur, se plaçant à dix ou douze pas du soldat et lui faisant face, explique les principes du pas ; il l'exécute lui-même, afin

de joindre l'exemple au principe, et il commande :

1. *Peloton en avant.*
2. MARCHE.

24. Au premier commandement, le soldat porte le poids du corps sur la jambe droite.

25. Au commandement de *marche*, il porte le pied gauche en avant à soixante-cinq centimètres du droit, la pointe du pied légèrement tournée en dehors, ainsi que le genou ; il pose, sans frapper, le pied gauche à plat, tout le poids du corps se portant sur le pied qui pose à terre. Le soldat porte ensuite la jambe droite en avant, le pied passant près de terre, le pose à la même distance et de la même manière qu'il vient d'être expliqué pour le pied gauche, et continue de marcher ainsi, sans que les jambes se croisent, sans que les épaules tournent, en laissant aux bras un mouvement d'oscillation naturelle, et la tête restant toujours dans la position directe.

26. Lorsque l'instructeur veut arrêter la marche, il commande :

1. *Peloton.*
2. HALTE.

27. Au commandement de *halte*, qui est

fait indistinctement sur l'un ou l'autre pied, mais un moment avant qu'il soit prêt à poser à terre, le soldat rapporte le pied qui est en arrière à côté de l'autre, sans frapper.

28. L'instructeur indique de temps en temps au soldat la cadence du pas, en faisant le commandement de *un* quand le pied gauche pose à terre, et celui de *deux* quand c'est le pied droit, et en observant la cadence de cent dix à la minute.

PAS EN ARRIÈRE.

29. Le soldat étant de pied ferme, l'instructeur lui fait quelquefois marcher le pas en arrière; à cet effet, il commande :

1. *Peloton en arrière.*
2. MARCHE.

30. Au commandement de *marche*, le soldat retire vivement le pied gauche en arrière, et le porte à la distance de trente-trois centimètres, à compter d'un talon à l'autre; fait de même du pied droit, et continue jusqu'au commandement de *halte*, qui est toujours précédé de celui de *peloton*. Le soldat s'arrête à ce commandement, en rapportant le pied qui est en avant à côté de l'autre, sans frapper.

31. L'instructeur veille à ce que le soldat se porte droit en arrière, et que l'aplomb ainsi que

4

la position du corps soient toujours conservés. La cadence de ce pas est la même que celle du pas accéléré.

OBSERVATIONS.

32. Lorsqu'on montre les principes du pas à deux ou quatre soldats à la fois, on n'exige point qu'ils s'occupent de l'alignement; d'ailleurs, lorsqu'ils ont contracté l'habitude de faire des pas égaux en longueur et en vitesse, ils ont acquis le vrai moyen de conserver l'alignement.

33. Le pas accéléré étant le pas habituel de la troupe, il n'est énoncé dans le commandement d'avertissement que lorsque la troupe, étant en marche à une autre allure, doit prendre ce pas.

PAS GYMNASTIQUE.

34. La longueur du pas gymnastique est de quatre-vingts centimètres, et sa vitesse habituelle de cent soixante-dix par minute.

35. L'instructeur voulant enseigner au soldat les principes du pas gymnastique, commande :

1. *Peloton en avant.*
2. *Pas gymnastique.*
3. MARCHE.

36. Au premier commandement, le soldat porte le poids du corps sur la jambe droite.

37. Au deuxième commandement, il porte

les mains à hauteur des hanches, les doigts fermés, les ongles en dedans, les coudes en arrière.

38. Au commandement de *marche*, il porte le pied gauche en avant, la jambe légèrement ployée, le genou peu élevé; pose le pied gauche, la pointe la première, à quatre-vingts centimètres du droit, et il exécute avec le pied droit ce qui vient d'être prescrit pour le gauche. Ce mouvement se continue ainsi en portant le poids du corps sur la jambe qui pose à terre, et en laissant aux bras un mouvement d'oscillation naturelle.

39. Lorsque l'instructeur veut arrêter la marche, il commande:

1. *Peloton.*
2. HALTE.

40. Au commandement de *halte*, le soldat rapporte le pied qui est en arrière à côté de l'autre, et laisse tomber les mains dans le rang, à la position du soldat sans arme.

41. L'instructeur indique la cadence du pas, comme il est prescrit n° 28.

42. Le pas gymnastique peut s'exécuter à différents degrés de vitesse. Dans les circonstances pressantes, la cadence de ce pas peut être portée à cent quatre-vingts par minute.

43. On recommande au soldat de ne respirer, autant que possible, que par le nez, en conservant la bouche fermée. L'expérience a prouvé qu'en se conformant à ce principe, un homme pouvait fournir une course plus longue et avec moins de fatigue.

OBSERVATIONS.

44. La vitesse du pas de route est la même que celle du pas accéléré, mais il n'est pas cadencé, et les soldats ne sont plus tenus à marcher du même pied.

45. Les principes du pas de charge sont les mêmes que ceux du pas accéléré, mais sa vitesse est de cent trente par minute.

MARQUER LE PAS.

46. Le soldat étant en marche, l'instructeur commande :

1. *Marquez le pas.*
2. MARCHE.

47. Au commandement de *marche*, qui est fait un moment avant que le pied soit prêt à poser à terre, le soldat simule le pas, en rapportant les talons à côté l'un de l'autre, sans avancer, et en observant la cadence du pas.

48. Lorsque l'instructeur veut faire reprendre la marche, il commande :

1. *En avant.*
2. MARCHE.

49. Au commandement de *marche*, qui est fait comme il est prescrit ci-dessus, le soldat reprend le pas de soixante-cinq centimètres.

CHANGER LE PAS.

50. Le soldat étant en marche, l'instructeur commande :

1. *Changez le pas.*
2. MARCHE.

51. Au commandement de *marche*, qui est fait un moment avant que le pied soit prêt à poser à terre, le soldat rapporte le pied qui est en arrière à côté de celui qui vient de poser à terre, et repart de ce dernier pied.

ARTICLE IV.

MOUVEMENT DE TÊTE A DROITE ET A GAUCHE.

52. L'instructeur voulant apprendre aux soldats à tourner la tête à droite pour s'aligner, commande :

1. *Tête* = A DROITE.
2. FIXE.

53. Au commandement de *à droite*, les soldats tournent légèrement la tête à droite, sans brusquer le mouvement et sans entraîner l'épaule, les yeux fixés sur la ligne des yeux des soldats du même rang.

54. Au commandement de *fixe*, ils replacent la tête dans la position directe, qui doit être la position habituelle du soldat.

55. Le mouvement de *tête à gauche* s'exécute par les moyens inverses.

ALIGNEMENTS.

56. L'instructeur exerce d'abord les soldats à s'aligner homme par homme, afin de leur faire mieux comprendre les principes d'alignement; à cet effet, il commande aux deux premiers hommes de l'aile droite de marcher trois pas en avant, et les ayant alignés, il avertit successivement chaque soldat, par le commandement de *tel numéro sur la ligne*, de se porter sur l'alignement des deux premiers.

57. Chaque soldat, à cet avertissement, tourne la tête et les yeux à droite comme il est prescrit nº 53, marche dans la cadence du pas accéléré, trois pas en avant, en raccourcissant le dernier de manière à se trouver à

environ quinze centimètres en arrière du
nouvel alignement, qu'il ne doit jamais dépasser; il se porte ensuite par petits pas, les jarrets tendus, tranquillement et sans saccade,
à côté de l'homme auquel il doit appuyer, de
manière que, sans déranger la position de sa
tête, la ligne de ses yeux ainsi que celle de
ses épaules se trouvent dans la direction de
celles de son voisin, et qu'il sente très légèrement le coude de ce dernier.

58. L'instructeur, voyant les soldats alignés,
commande :

FIXE.

59. A ce commandement, les soldats replacent la tête dans la position directe.

60. L'alignement *à gauche* se prend d'a-
près les mêmes principes.

61. Lorsque les soldats ont ainsi appris à
s'aligner, homme par homme, correctement
et sans tâtonner, l'instructeur fait aligner
le rang entier à la fois, par le commandement suivant :

A droite (ou *à gauche*) = ALIGNEMENT.

62. A ce commandement, le rang, à l'exception des deux hommes placés d'avance
pour servir de base d'alignement, se porte

au pas accéléré sur la nouvelle ligne, et s'y place d'après les principes prescrits n° 57.

63. L'instructeur, placé à dix ou douze pas en avant et faisant face au rang, veille à l'observation des principes, et se porte ensuite à l'aile qui a servi de base d'alignement, pour le vérifier.

64. L'instructeur, voyant le plus grand nombre des soldats alignés, commande :

FIXE.

65. L'instructeur commande ensuite aux hommes qui ne sont pas alignés, *rentrez* ou *sortez*, en les désignant par leurs numéros. L'homme ou les hommes désignés tournent légèrement la tête du côté de l'alignement, pour juger de combien ils doivent avancer ou reculer, se portent tranquillement sur la ligne, et replacent ensuite la tête dans la position directe.

66. Les alignements en arrière se prennent d'après les mêmes principes. Les soldats se portent un peu en arrière de la ligne et s'y placent ensuite par de petits mouvements en avant, conformément à ce qui est prescrit n°s 57 et suivants.

L'instructeur commande :

En arrière à droite (ou *à gauche*)=
ALIGNEMENT.

OBSERVATIONS.

67. L'instructeur doit s'attacher à ce que le soldat arrive tranquillement sur la ligne;

Qu'il ne penche pas le corps en arrière, ni la tête en avant;

Qu'il ne tourne la tête que le moins possible, seulement de manière à voir la ligne des yeux et à apercevoir légèrement la poitrine du deuxième homme du côté de l'alignement.

Qu'il ne dépasse jamais l'alignement;

Qu'au commandement de *fixe*, il cesse tout mouvement, quand même il ne serait pas aligné;

Qu'au commandement de *tel* ou *tel* numéro, *rentrez* ou *sortez*, ceux qui n'ont pas été désignés ne bougent;

Que dans les alignements en arrière, le soldat dépasse un peu la ligne en reculant.

68. Lorsque les soldats ont l'arme, les alignements se font au port d'arme ou l'arme au pied. Dans ce dernier cas, ils soulèvent légèrement leur arme avec la main droite.

ARTICLE V.

MARCHE DE FRONT.

69. Le rang étant correctement aligné, lorsque l'instructeur veut le faire marcher en avant il place un soldat bien dressé à la

droite (ou à la gauche), selon le côté où il veut que soit le guide, et commande :

1. *Peloton en avant.*
2. *Guide à droite* (ou *à gauche*).
3. MARCHE.

70. Au commandement de *marche*, le rang part vivement du pied gauche, le guide a soin de marcher droit devant lui et de maintenir toujours ses épaules carrément.

71. L'instructeur veille à ce que chaque soldat tienne très légèrement au coude de son voisin du côté du guide ;

Qu'il cède à la pression qui vient de ce côté, et résiste à celle qui vient du côté opposé ;

Qu'il ne rejoigne qu'insensiblement le coude de son voisin du côté du guide, s'il venait à s'éloigner, ou s'il s'en était lui-même écarté ;

Qu'il conserve la tête droite de quelque côté que le guide soit indiqué ;

Qu'il ne se remette que peu à peu sur l'alignement, en allongeant ou en raccourcissant le pas d'une manière presque insensible, s'il s'aperçoit qu'il est trop en avant ou trop en arrière.

MARCHE OBLIQUE.

72. Les soldats étant affermis dans les principes de la marche directe, l'instructeur

les exerce à marcher obliquement. A cet effet, le rang étant en marche, il commande :

1. *Oblique à droite.*
2. MARCHE.

73. Au commandement de *marche*, qui est fait un moment avant que le pied gauche soit prêt à poser à terre, chaque soldat fait un demi à droite, et marche ensuite droit devant lui dans la nouvelle direction, en donnant de temps en temps un coup d'œil sur la ligne des épaules de ses voisins de droite, et en réglant son pas de manière que ses épaules soient placées parallèlement aux épaules de son voisin de ce côté, et que la tête de ce dernier lui cache celles des autres hommes du rang. Tous les soldats doivent conserver l'égalité du pas et le même degré d'obliquité.

74. L'instructeur, voulant faire reprendre la marche directe, commande :

1. *En avant.*
2. MARCHE.

75. Au commandement de *marche*, qui est fait un moment avant que le pied droit soit prêt à poser à terre, chaque soldat fait un demi à gauche, et tous marchent ensuite

droit devant eux, en se conformant aux principes de la marche directe.

76. L'instructeur fait obliquer *à gauche* d'après les mêmes principes, en faisant le commandement de *marche* un moment avant que le pied droit soit prêt à poser à terre.

77. Lorsque les soldats sont familiarisés avec ces divers principes, et qu'ils sont bien affermis dans la position du corps, le mécanisme, la longueur et la vitesse du pas, l'instructeur les fait passer du pas accéléré au pas gymnastique, et réciproquement.

78. Le rang étant en marche au pas accéléré, l'instructeur commande :

1. *Pas gymnastique.*
2. MARCHE.

79. Au commandement de *marche*, qui est fait sur l'un ou sur l'autre pied indistinctement, le rang prend le pas gymnastique. Les hommes s'attachent à observer les principes du pas gymnastique et à conserver l'alignement.

80. Lorsque l'instructeur veut faire reprendre le pas accéléré, il commande :

1. *Pas accéléré.*
2. MARCHE.

81. Au commandement de *marche*, qui est fait indistinctement sur l'un ou l'autre pied, le rang reprend le pas accéléré.

82. Le rang étant en marche, l'instructeur l'arrête par les commandements et les moyens prescrits n°s 26 et 27.

83. Le rang étant en marche au pas accéléré, l'instructeur lui fait quelquefois marquer et changer le pas par les commandements et les moyens prescrits n°s 46 et suivants.

84. Le rang étant en marche au pas accéléré ou au pas gymnastique, l'instructeur voulant lui faire faire demi-tour pour marcher en arrière sans arrêter, commande :

1. *Peloton demi-tour à droite.*
2. MARCHE.

85. Au commandement de *marche*, qui est fait à l'instant où le pied gauche est en l'air, le soldat pose le pied à terre, fait face en arrière en tournant sur ce pied, place le pied droit à côté du gauche dans la nouvelle direction, et repart du pied gauche.

86. Le rang étant en marche, l'instructeur voulant lui faire faire demi-tour et l'arrêter en même temps, commande :

1. *Peloton demi-tour à droite.*
2. HALTE.

87. Au commandement de *halte*, qui est fait à l'instant où le pied gauche est près de poser à terre, les soldats font demi-tour en tournant sur ce pied, et rapportent le pied droit sur l'alignement du gauche.

88. Le rang étant de pied ferme, l'instructeur lui fait marcher le pas en arrière ; à cet effet, il commande :

1. *Peloton en arrière.*
2. *Guide à gauche* (ou *à droite*).
3. MARCHE.

89. Au commandement de *marche*, les soldats se portent en arrière, en se conformant aux princip s prescrits n° 30.

CONVERSIONS.

90. Les conversions s'exécutent à *pivot fixe* et à *pivot mouvant.*

91. Dans les conversions à pivot fixe, l'homme qui est au pivot fait à droite (ou à gauche), et dans les conversions à pivot mouvant, il fait le pas de vingt centimètres. Dans l'un et l'autre cas l'homme qui est à l'aile marchante doit toujours faire le pas de soixante-cinq centimètres.

CONVERSIONS A PIVOT FIXE.

92. Le rang étant de pied ferme, l'instructeur place un soldat bien dressé à l'aile marchante pour la conduire, et commande :

1. *Par peloton à droite.*
2. Marche.

93. Au commandement de *marche*, l'homme qui est au pivot fait à droite; les autres soldats partent du pied gauche, et tournent en même temps un peu la tête du côté de l'aile marchante, les yeux fixés sur la ligne des yeux des hommes du rang. L'homme qui conduit l'aile marchante fait le pas de soixante-cinq centimètres, avance peu l'épaule extérieure, dès le premier pas jette de temps en temps les yeux sur le rang et sent toujours le coude de l'homme qui est à côté de lui, mais très *légèrement* et sans jamais le pousser.

Les autres soldats sentent très légèrement le coude de leur voisin du côté du pivot, résistent à la pression qui vient du côté opposé, et se conforment au mouvement de l'aile marchante, en faisant le pas d'autant plus petit qu'ils sont plus près du pivot.

L'homme placé à côté du pivot gagne, en

conversant, un peu de terrain en avant, mais
sans jamais le masquer.

94. Lorsque l'homme qui est à l'aile marchante est près d'arriver sur la perpendiculaire à la ligne qu'occupait le rang, l'instructeur commande :

1. *Peloton.*
2. Halte.

95. Au commandement de *halte*, qui est
fait lorsque l'homme de l'aile marchante est
arrivé à trois pas de la perpendiculaire, le
rang s'arrête, et aucun homme ne bouge plus.
L'instructeur place les deux premiers hommes
de l'aile marchante sur l'alignement de l'homme du pivot, ayant soin de ne laisser entre
eux et le pivot que l'espace nécessaire pour y
encadrer tous les autres. Il commande ensuite :

A *gauche* = ALIGNEMENT.

96. A ce commandement, le rang se place
sur l'alignement des deux hommes qui doivent servir de base, en se conformant aux
principes prescrits n° 62.

97. L'instructeur commande ensuite :

Fixe.

98. Il fait converser *à gauche* d'après les mêmes principes.

CONVERSIONS A PIVOT MOUVANT.

99. Lorsque les soldats exécutent bien les conversions à pivot fixe, on les exerce à converser à pivot mouvant.

100. Le rang étant en marche, lorsque l'instructeur veut lui faire changer de direction du côté opposé au guide, il commande :

1. *A droite* (ou *à gauche*), *conversion.*
2. MARCHE.

101. Le premier commandement est fait lorsque le rang est à quatre pas du point de conversion.

102. Au commandement de *marche*, la conversion s'exécute de la même manière qu'à pivot fixe, excepté que le tact des coudes reste du côté du guide ; que l'homme qui est au pivot, au lieu de faire à droite (ou à gauche), se conforme au mouvement de l'aile marchante, sent très légèrement le coude de son voisin, fait le pas de vingt centimètres, et gagne ainsi du terrain en avant, en décrivant une petite courbe de manière à dégager le point de conversion ; le milieu du rang cintre un peu en arrière. Aussitôt que le mouvement commence, l'homme qui conduit l'aile marchante jette les yeux sur le terrain qu'il doit parcourir.

103. La conversion étant achevée, l'instructeur commande :

1. *En avant.*
2. MARCHE.

104. Le premier commandement est prononcé lorsqu'il reste quatre pas à faire pour que la conversion soit achevée.

105. Au commandement de *marche*, qui est fait à l'instant où la conversion est achevée, l'homme qui conduit l'aile marchante se dirige droit en avant ; l'homme qui est au pivot et tout le rang reprennent le pas de soixante-cinq centimètres, et replacent la tête directe.

CHANGEMENTS DE DIRECTION DU CÔTÉ DU GUIDE.

106. Les changements de direction du côté du guide s'exécutent ainsi qu'il suit ; l'instructeur commande :

1. *Tournez à gauche* (ou *à droite*).
2. MARCHE.

107. Le premier commandement est prononcé lorsque le rang est à quatre pas du point où il doit changer de direction.

108. Au commandement de *marche*, qui est fait à l'instant où le rang doit tourner, le guide fait à gauche (ou à droite) en marchant, et se prolonge dans la nouvelle direction, sans ralentir ni accélérer la cadence, sans allonger ni raccourcir la mesure du pas. Chaque soldat avance l'épaule opposée au guide, et accélère la cadence pour se porter dans la nouvelle direction; lorsqu'il arrive sur l'alignement du guide, il tourne la tête et les yeux de son côté, joint le coude de son voisin du même côté, prend le pas du guide, et replace ensuite la tête et les yeux dans la position directe. Les soldats arrivent ainsi successivement sur l'alignement du guide.

109. Lorsque les soldats comprennent et exécutent bien, au pas accéléré, les conversions à pivot fixe et à pivot mouvant, les changements de direction du côté du guide, l'instructeur leur fait répéter les mêmes mouvements au pas gymnastique.

OBSERVATIONS.

110. Lorsque les soldats ont l'arme, les mouvements de l'article v sont exécutés au port

d'arme ou l'arme sur l'épaule droite. Dans la marche au pas gymnastique, ils mettent d'eux-mêmes l'arme sur l'épaule droite, au commandement de *pas gymnastique*, et saisissent avec la main gauche le fourreau du sabre-baïonnette près de l'extrémité inférieure, qu'ils ramènent en avant. Au commandement de *halte*, ils abandonnent le fourreau du sabre-baïonnette de la main gauche.

111. Toutes les fois qu'au commandement de *marche* les soldats ont l'arme au pied, ils portent l'arme sur l'épaule droite en se mettant en marche; toutes les fois qu'au commandement de *halte* ils ont l'arme sur l'épaule droite, ils mettent, en s'arrêtant, l'arme au pied; toutes les fois qu'au commandement de *halte* ils ont l'arme au bras, ils portent l'arme en s'arrêtant. Cette règle est générale.

ARTICLE VI.

MARCHE PAR LE FLANC.

112. Le rang étant de pied ferme et correctement aligné, l'instructeur commande:

1. *Peloton par le flanc droit.*
2. A DROITE.
3. *Peloton en avant.*
4. MARCHE.

113. Au deuxième commandement, le rang

fait à droite ; les numéros pairs, en faisant à droite, se portent vivement à hauteur et à la droite des numéros impairs, de manière qu'après l'exécution du mouvement les files se trouvent formées de deux hommes coude à coude.

114. Au commandement de *marche*, le peloton part vivement du pied gauche ; les files restent alignées et conservent leurs distances ; les soldats marchent, dans chaque rang, les uns derrière les autres, de manière que la tête de l'homme qui précède immédiatement chaque soldat lui cache celles de tous ceux qui sont devant lui.

115. L'instructeur fait marcher par *le flanc gauche* par les commandements prescrits nº 112, en substituant l'indication de *gauche* à celle de *droite*. Le rang fait à gauche, et les numéros impairs, en faisant à gauche, se portent vivement à hauteur et à la gauche des numéros pairs.

116. Le doublement se fait toujours en dedans de l'alignement, et les files doublées se composent toujours des deux mêmes hommes, dont l'un a un numéro impair et l'autre le numéro pair immédiatement au-dessus. Ainsi, les numéros *un* et *deux, trois* et *quatre*, *cinq* et *six* doublent toujours entre eux. Lorsque le rang fait par le flanc, c'est celui des deux hommes qui se trouve en arrière qui double sur celui qui est en avant.

117. L'instructeur place un homme bien dressé à côté du soldat qui est en tête du rang doublé, pour régler son pas et le conduire, et il est recommandé à ce soldat de marcher exactement coude à coude avec l'homme qui doit le diriger.

118. L'instructeur se place habituellement à cinq ou six pas sur le flanc des hommes qu'il instruit, afin de voir si les files marchent à leurs distances ; il se porte aussi quelquefois derrière le rang doublé, s'arrête, et lui laisse parcourir quinze ou vingt pas, afin d'observer si les hommes marchent bien les uns derrière les autres.

ARRÊTER LE RANG ET LUI FAIRE FAIRE FRONT.

119. Lorsque l'instructeur veut arrêter le rang marchant par le flanc et lui faire faire front, il commande :

1. *Peloton*.
2. Halte.
3. Front.

120. Au deuxième commandement, le pelo-

ton s'arrête, et aucun soldat ne bouge plus, quand même il a perdu sa distance.

121. Au troisième commandement, chaque soldat fait front, par un *à gauche* si l'on a marché par le flanc droit, et par un *à droite* si l'on a marché par le flanc gauche. Les soldats qui se trouvent derrière dédoublent en même temps pour se porter vivement à leurs places dans le rang.

CHANGEMENTS DE DIRECTION PAR FILE.

122. Lorsque les soldats ont acquis l'habitude de la marche par le flanc, l'instructeur les exerce à changer de direction par file ; à cet effet, il commande :

1. *Par file à gauche* (ou *à droite*).
2. MARCHE.

123. Au commandement de *marche*, la file de tête change de direction à gauche (ou à droite), en décrivant un petit arc de cercle. Les deux hommes de cette file restent coude à coude ; celui qui se trouve du côté où l'on converse raccourcit les trois ou quatre premiers pas, afin de donner le temps à l'autre de se conformer à son mouvement, et la file marche ensuite droit devant elle. Chaque file

vient successivement changer de direction à la même place que celle qui la précède.

124. L'instructeur fait aussi exécuter les *à droite* et les *à gauche* en marchant ; à cet effet, il commande :

1. *Peloton par le flanc droit* (ou *gauche*).
2. Marche.

125. Au commandement de *marche*, qui est fait un moment avant que le pied gauche ou le pied droit soit prêt à poser à terre, suivant que l'on doit faire à droite ou à gauche, les soldats tournent le corps, portent le pied qui est levé dans la nouvelle direction, et continuent la marche sans altérer la cadence ; les files doublent rapidement.

126. Le dédoublement des files a lieu comme il est prescrit n° 121.

127. Les principes de la marche par le flanc au pas gymnastique sont les mêmes qu'au pas accéléré. L'instructeur fait précéder le commandement de *marche* de celui de *pas gymnastique*.

128. L'instructeur exerce quelquefois le rang à marcher par le flanc sans doubler les files. Il fait les commandements prescrits n° 112 ; mais il a soin de prévenir les hommes de ne pas dou-

bler les files. Il veille à ce que la cadence et les distances ne se perdent pas.

Les principes de cette marche sont les mêmes; mais dans les changements de direction, le premier homme du rang change de direction sans altérer la longueur ni la cadence du pas.

OBSERVATION

129. Lorsque les hommes ont l'arme, ils exécutent les mouvements de l'article VI, au port d'arme, ou l'arme sur l'épaule droite.

DEUXIÈME PARTIE.

130. L'article 1 est enseigné aux soldats dans les théories faites dans les chambres.

131. Les articles II, III, IV, V et VI sont enseignés en réunissant deux ou quatre hommes que l'on fait placer coude à coude sur un rang; lorsque les hommes sont bien affermis dans les principes, ils sont réunis par groupes plus nombreux, et on leur fait répéter sur deux rangs les mouvements de ces cinq articles.

132. La baïonnette ne se met au bout du canon que pour former les faisceaux, croiser la baïonnette, ou exécuter l'escrime à la baïonnette.

ARTICLE I.

DÉMONTAGE ET REMONTAGE DE L'ARME.

133. Ordre suivant lequel s'opère le démontage :

1° *Le sabre-baïonnette ;*

2° *La bretelle ;*

3° *La baguette ;*

4° *La vis-arrêtoir*, qui ne doit être desserrée que de trois filets ;

5° *La culasse mobile ;* il faut presser sur la détente quand on retire la culasse mobile de la boîte ; la culasse mobile doit être retirée avec précaution, et la gâchette doit être suffisamment abaissée pour ne pas être rencontrée par la tête mobile et la rondelle, qu'elle dégraderait si elle faisait saillie sur le fond de la boîte de culasse;

6° *La vis de culasse ;*

7° *L'embouchoir ;*

8° *La grenadière ;*

9° *Le canon,* sur lequel on remarque le guidon servant à viser et son embase; le petit tenon, le grand tenon et la directrice servant à fixer le sabre-baïonnette; la hausse, qui comprend : le pied présentant des gradins pour le placement du curseur aux petites distances ; la planche mobile graduée sur le côté gauche pour le tir aux distances variant de 100 en 100 mètres, et sur le côté droit en millimètres pour le tir aux distances intermédiaires ; le curseur, qui porte le cran de mire mobile ;

10° *Les deux vis de sous-garde ;*

11° *Le pontet ;*

12° *La pièce de détente.*

[Ces trois dernières pièces ne sont démontées que sur l'ordre d'un sous-officier ou d'un officier.]

Les pièces doivent être rangées par ordre au fur et à mesure qu'on les démonte.

Le remontage s'opère dans l'ordre inverse du démontage. Avoir soin de mettre à fond la vis de ressort de gâchette.

Les pièces non indiquées dans cette nomenclature ne doivent jamais être démontées par le soldat ; elles sont nettoyées en place.

ORDRE A SUIVRE POUR DÉMONTER LA CULASSE MOBILE.

134. 1° Mettre le chien à l'abattu ;

2° Dévisser le bouchon avec la clef de la lame du tourne-vis, en tenant le levier dans la main gauche, et retirer le chien du cylindre ;

3° Saisir le ressort à boudin près du manchon avec le pouce et le premier doigt de la main gauche, appuyer la tête du chien contre la poitrine, faire effort pour ramener légèrement le ressort en arrière ; enlever avec la main droite 'aiguille et son manchon ;

4° Séparer l'aiguille et le manchon ;

5° Le ressort à boudin ;

6° Le bouchon ;

7° Desserrer la vis-arrêtoir de la tête mobile, sans la retirer de son trou :

8° La tête mobile et la rondelle en caoutchouc ;

9° Séparer la tête mobile et la rondelle en caoutchouc.

REMONTAGE DE LA CULASSE MOBILE.

135. Le remontage s'opère dans un ordre inverse, en observant les recommandations suivantes :

Pour placer le manchon sur le porte-aiguille, tenir l'aiguille entre le pouce et l'index, en appuyant le médium sur le manchon pour maintenir la tête de l'aiguille dans son logement ; coiffer avec le manchon le T du porte-aiguille en faisant légèrement effort sur le ressort à boudin.

Pour réunir le chien au cylindre, tenir le cylindre verticalement et par le levier avec la main gauche ; engager avec précaution l'aiguille dans l'intérieur du cylindre, de manière à ne pas émousser la pointe ; engager la pièce d'arrêt dans la rainure de départ ; tenir la culasse mobile horizontalement dans la main gauche ; prendre la clef avec la main droite, et serrer le bouchon jusqu'à ce qu'il porte à fond sur le cylindre.

Pour replacer la culasse mobile dans la boîte, amener le chien dans la direction du renfort ; introduire la culasse mobile dans la boîte, en appuyant sur la détente pour faire descendre la gâchette; rabattre le levier à droite; désarmer, et serrer la vis-arrêtoir.

RÈGLES GÉNÉRALES A OBSERVER.

136. Pour détacher le canon du bois quand on a enlevé l'embouchoir, la grenadière et la vis de culasse, il faut renverser l'arme dans la main gauche, la sous-garde en dessus, la bouche du canon vers la terre ; frapper avec la main droite sur la poignée jusqu'à ce que le canon soit dégagé de son canal, et le maintenir avec les doigts de la main gauche; l'enlever tout à fait de la main droite.

Le soldat ne doit jamais frapper aucune pièce de ses armes avec la virole du manche de tourne-vis ou avec tout autre objet en fer, parce qu'il occasionnerait ainsi des mutilations.

Les pièces de la sous-garde ne sont démontées que sur l'ordre d'un sous-officier ou d'un officier, et cet ordre ne doit être donné que lorsque le démontage est reconnu indispensable.

Il est absolument interdit de chercher à séparer le canon et la boîte de la culasse dans l'intérieur des compagnies, sous quelque prétexte que ce soit.

Il est essentiel, en replaçant le ressort de gâchette sous le canon, de bien serrer à fond la vis du ressort; en négligeant cette recommandation, on court le risque de diminuer la saillie de la gâchette sur le fond de la boîte de culasse, et de ne plus donner un arrêt suffisant au cran de la noix.

En général, toutes les vis doivent être serrées à fond.

La plaque de couche, les ressorts de garniture et le battant de crosse doivent toujours être nettoyés en place.

Il est interdit d'ôter les vis de plaque, les vis de battant de crosse et la vis de croisière du sabre-baïonnette.

ENTRETIEN DE L'ARME.

137. Après le tir, lorsque le soldat lave son arme, il sépare le canon de la monture, et après avoir fixé au bout fileté de la baguette le lavoir, dans lequel il passe une bande de linge de trois centimètres environ de largeur, il plonge la bouche du canon dans de l'eau contenue dans un baquet en bois, si c'est possible, pour ne pas dégrader le canon, et il lave l'âme en enfonçant le lavoir par le tonnerre et en imprimant à la baguette un mouvement de va-et-vient; il change l'eau jusqu'à ce que tous les résidus de poudre soient enlevés. Il fait ensuite égoutter le

canon, la bouche en bas; il enlève le linge mouillé, qu'il remplace par un linge sec, et il essuie l'âme jusqu'à ce qu'il ne reste plus d'humidité. Il graisse ensuite le canon intérieurement et extérieurement avec un morceau de drap imprégné de graisse.

Culasse mobile. — La culasse mobile doit être l'objet des soins soutenus et attentifs du soldat et de la surveillance incessante des officiers et des sous-officiers.

Après le tir, le soldat démonte entièrement la culasse mobile; le cylindre est lavé à l'eau, puis essuyé et graissé convenablement à l'intérieur et à l'extérieur; l'aiguille, le manchon, le ressort à boudin, le bouchon et le chien sont soigneusement essuyés, puis graissés. La rondelle en caoutchouc ne doit jamais être graissée ni huilée; elle est essuyée avec un linge sec, sans jamais être grattée avec l'ongle ou avec un instrument quelconque. On évite, autant que possible, de laver la tête mobile, à cause de la difficulté de l'essuyer convenablement à l'intérieur; le soldat se borne à y introduire, à l'aide de la spatule, une ou deux gouttes d'huile par l'orifice antérieur. Les filets du bouchon sont graissés avant de remettre en place cette pièce.

Monture. — Essuyer la monture avec un linge sec, et, au besoin, la frotter avec un morceau de drap imbibé d'huile.

Pièces en fer et en acier non rouillées. — Les

frotter avec un linge sec, puis les passer à la pièce grasse.

Pièces rouillées. — Si les pièces sont légèrement rouillées, les frotter avec un linge couvert de brique brûlée, pulvérisée, tamisée et délayée dans de la graisse. Si les pièces sont fortement rouillées, employer l'émeri préparé comme la brique, et frotter avec des curettes de bois tendre ou avec une brosse rude. Essuyer ensuite les pièces avec un linge sec, et ne jamais laisser ni émeri, ni brique, ni aucune autre substance dans les trous des vis ou dans les encastrements.

Quand on frotte le canon ou la lame du sabre, les poser à plat sur une table ou sur un banc, afin de ne point les fausser. Finir par le graissage des pièces.

Pièces en cuivre. — La poignée du sabre-baïonnette se nettoie avec du tripoli ou de la brique pilée et un peu de vinaigre ou d'eau-de-vie, en frottant avec un linge ou un morceau de drap.

ACCESSOIRES.

138. *Le nécessaire d'armes* se compose de sept pièces, savoir :

1° *La boîte*, dans laquelle on remarque le fond percé d'une fente pour la lame du tourne-vis;

2° *L'huilier*, comprenant : le vase à l'huile, la vis-bouchon et la rondelle en cuir;

3° *La lame du tourne-vis*;

4° *La clef;*

5° *La trousse en drap,* présentant un compartiment pour la lame du tourne-vis et un deuxième pour la clef;

6° *La spatule-curette;*

7° *Le lavoir.*

Le soldat doit avoir en outre :

Pièces de rechange	Un ressort à boudin,	dans un étui en ferblanc;
	Deux aiguilles,	
	Une tête mobile,	
	Une rondelle en caoutchouc;	

De la graisse,
Une pièce grasse en drap, } dans une boîte en ferblanc;
Une brosse douce à graisser,
Quelques morceaux de vieux linge;
Des curettes de bois tendre.

Chaque soldat est pourvu d'un nécessaire d'armes. Le chef d'escouade possède, en outre, une *grande curette en acier.*

OBSERVATIONS.

139. Le poli brillant pour les pièces en fer et en acier est expressément défendu; les pièces, légèrement onctueuses, doivent être d'un blanc mat.

Les pièces en cuivre ne doivent jamais être graissées.

On a soin de mettre une goutte d'huile à toutes les pièces qui éprouvent un frottement.

Dans les chambres, les armes sont toujours déchargées et à l'abattu.

Le chien doit toujours être au cran de sûreté quand l'arme est chargée et que l'on ne veut pas tirer immédiatement.

Le chien est mis au cran de sûreté pour tous les exercices.

Quand une arme n'est pas en service, on doit enlever la rondelle de caoutchouc. Cette précaution a pour but de prévenir l'oxydation du métal qui résulterait du contact du caoutchouc et de la boîte de culasse par des temps ou dans des lieux humides.

INSPECTION DES ARMES.

140. Avant chaque tir, et en général toutes les fois que la troupe prend les armes, les sergents de demi-section doivent s'assurer que les armes sont en parfait état, et que le mécanisme de la culasse mobile fonctionne bien.

Leur attention se porte particulièrement :

1° Sur la vis-bouchon, qui doit être serrée à fond ;

2° Sur l'aiguille, qui ne doit être ni faussée ni émoussée, et qui doit avoir la saillie réglementaire. Cette saillie, le chien étant à l'abattu, doit être de neuf millimètres, mais ne peut pas être au-dessous de huit millimètres ;

3° Sur la tête mobile, qui ne doit pas être

ébréchée, et dont le jeu ne doit pas être entravé par une pression trop forte de la vis-arrêtoir;

4° Sur la rondelle en caoutchouc, qui doit être dans un état de conservation suffisant pour fermer toute issue aux gaz;

5° Sur la chambre de l'étui à poudre, qui doit être essuyée avec un linge sec, parce que si elle était onctueuse on pourrait avoir des ratés de premier coup;

6° Sur l'âme, dans laquelle on fait passer la baguette pour s'assurer qu'il n'y reste ni chiffons ni corps étrangers qui occasionneraient probablement des éclatements;

7° Sur le ressort à boudin, qui peut être trop faible; le ressort placé sur la tige porte-aiguille, et reposant sur le bouchon fileté, a une élasticité convenable lorsqu'il dépasse la tête de la tige de deux ou trois spires;

8° Sur la tige porte-aiguille; si l'on constate que la tranche de cette tige fait saillie sur la tranche du chien, cela provient de ce que la goupille de la noix est cassée ou faussée. Il s'ensuit que l'aiguille peut faire saillie pendant la charge et amener le départ accidentel du coup. Dans ce cas l'arme doit être réparée immédiatement.

Après le tir on examine spécialement les armes qui n'ont pas fonctionné régulièrement.

Quand il y a ballottement de la tige porte-aiguille dans le chien, la culasse mobile doit être réparée.

Quand un fusil donne au bout de quelques coups un encrassement notable dans l'intérieur du cylindre, on fait vérifier par le chef armurier les dimensions du trou du passage de l'aiguille et du trou du grain ; ces pièces sont changées s'il en est besoin.

En règle générale, un fusil signalé comme défectueux dans le tir doit être soumis à l'examen du chef armurier.

ARTICLE II.

MANIEMENT DES ARMES.

141. L'exécution de chaque commandement ne forme qu'un temps, mais ce temps est divisé en mouvements, afin d'en mieux faire connaître le mécanisme aux soldats.

142. La vitesse de chacun des mouvements du maniement des armes, sauf les exceptions indiquées ci-après, est fixée à un quatre-vingt-dixième de minute ; mais afin de ne pas fatiguer l'attention des soldats, on ne s'attache d'abord qu'à l'exécution des mouvements, sans exiger qu'ils s'occupent de la cadence, à laquelle on ne les astreint que progressivement et lorsqu'ils sont familiarisés avec le maniement de leur arme.

143. Les mouvements relatifs au placement et

au déplacement du sabre-baïonnette ne peuvent pas être exécutés avec la vitesse qui vient d'être prescrite, ni même avec une vitesse uniforme. Ils ne sont donc point soumis à cette cadence. L'instructeur s'attache à faire exécuter ces mouvements avec promptitude, et surtout avec régularité.

144. La dernière syllabe du commandement décide l'exécution brusque et vive du premier mouvement de chaque temps ; les commandements de *deux* et de *trois* décident celle des autres mouvements. Dès que le soldat connaît la position des divers mouvements d'un temps, on lui montre à l'exécuter sans s'arrêter sur ces mouvements ; mais il en observe le mécanisme, afin d'assurer l'arme et d'éviter les inconvénients qui résultent de ce qu'on appelle *escamoter l'arme.*

PRINCIPES DU PORT D'ARME.

145. Le soldat étant placé comme il est expliqué dans le premier article de la première partie, l'instructeur lui fait ployer légèrement le bras droit et place l'arme de la manière suivante :

146. L'arme dans le bras droit et au défaut de l'épaule, le canon en arrière et d'aplomb, le bras droit presque allongé, la main droite embrassant le chien et la sous-gardé, le pouce

au-dessus de la sous-garde, le premier doigt dessous, le petit doigt au-dessus de la crête du chien, les autres au-dessous ; la crosse à plat le long de la cuisse droite ; le bras gauche pendant naturellement, comme il est prescrit dans le premier article de la première partie.

147. Le maniement des armes est montré dans la progression suivante. L'instructeur commande :

L'arme = AU BRAS.

Un temps et trois mouvements.

Premier mouvement.

148. Porter l'arme avec la main droite, d'aplomb vis-à-vis le milieu du corps, la baguette en avant ; la saisir de la main gauche au-dessous de la grenadière ; la relever à hauteur du menton, et porter en même temps la main droite à la poignée.

Deuxième mouvement.

149. Tourner l'arme avec la main droite, le canon en avant; la placer à l'épaule gauche, et passer l'avant-bras gauche étendu sur la poitrine, entre le chien et le levier qui est appuyé sur l'avant-bras, la main sur le téton droit.

Troisième mouvement.

150. Laisser tomber vivement la main droite dans le rang.

151. Les soldats étant l'arme au bras, si l'instructeur veut les faire reposer, il commande :

REPOS.

152. A ce commandement, les soldats portent vivement la main droite à la poignée de l'arme, et ne sont plus tenus à garder l'immobilité ni la position.

153. Lorsque l'instructeur veut faire passer les soldats de l'état de repos à celui d'immobilité, il commande :

1. *Garde à vous.*
2. PELOTON.

154. Au second commandement, les soldats reprennent la position du troisième mouvement de *l'arme au bras.*

Portez = VOS ARMES.

Un temps et trois mouvements.

Premier mouvement.

155. Empoigner l'arme avec la main droite à la poignée, la saisir avec la main gauche au-dessous de la grenadière, la détache de l'épaule sans que le bec de la crosse change de place, l'arme d'aplomb vis-à-vis l'épaule, le coude joint à l'arme.

Deuxième mouvement.

156. Porter l'arme avec les deux mains, d'aplomb contre l'épaule droite, la baguette en avant; tourner la main droite pour embrasser le chien et la sous-garde; glisser en même temps la main gauche à hauteur de l'épaule, les doigts ouverts et joints, le bras droit presque allongé.

Troisième mouvement.

157. Laisser tomber vivement la main gauche dans le rang.

Présentez = VOS ARMES.

Un temps et deux mouvements.

Premier mouvement.

158. Porter l'arme avec la main droite, d'aplomb vis-à-vis le milieu du corps, la baguette en avant; empoigner en même temps brusquement l'arme avec la main gauche, à hauteur de la hausse, le pouce allongé le long du canon contre la monture, l'avant-bras collé au corps sans être gêné, la main à hauteur du coude.

Second mouvement.

159. Empoigner l'arme avec la main droite au-dessous et contre la sous-garde.

Portez = VOS ARMES.

Un temps et deux mouvements.

Premier mouvement.

160. Tourner la main droite pour embrasser le chien et la sous-garde; porter l'arme avec cette main, d'aplomb contre l'épaule droite; glisser la main gauche à hauteur de l'épaule, les doigts ouverts et joints, le bras droit presque allongé.

Second mouvement.

161. Laisser tomber vivement la main gauche dans le rang.

Reposez-vous = SUR VOS ARMES.

Un temps et deux mouvements.

Premier mouvement.

162. Saisir brusquement l'arme avec la main gauche, à hauteur de l'épaule; la détacher en même temps avec la main droite; lâcher l'arme de cette main, la descendre de la main gauche, la ressaisir avec la main droite au-dessus de la grenadière, le petit doigt derrière le canon, l'arme d'aplomb, la main droite appuyée à la hanche, le talon de la crosse dirigé sur le côté de la pointe du pied droit, et laisser tomber vivement la main gauche dans le rang.

Second mouvement.

163. Laisser glisser l'arme dans la main droite, en ouvrant un peu les doigts, et prendre la position du soldat reposé sur l'arme :

164. La main basse, le canon entre le pouce et le premier doigt allongé le long de la monture, les trois autres doigts allongés et joints, le bout du canon à environ cinq centimètres du bras droit, la baguette en avant, le talon de la crosse à côté et contre la pointe du pied droit, l'arme d'aplomb.

165. Lorsque l'instructeur veut faire reposer dans cette position, il commande :

REPOS.

166. A ce commandement, les soldats passent la main droite étendue sur l'arme, qu'ils appuient contre le corps.

167. Lorsque l'instructeur veut faire passer les soldats de l'état de repos à celui d'immobilité, il commande :

1. *Garde à vous*
2. PELOTON.

168. Au second commandement, les hommes reprennent la position du soldat reposé sur l'arme.

Portez = VOS ARMES.

Un temps et deux mouvements.

Premier mouvement.

169. Élever l'arme verticalement avec la main droite, à hauteur du téton droit, vis-à-vis l'épaule, à cinq centimètres du corps, le coude droit y restant joint ; saisir l'arme de la main gauche au-dessous de la main droite, et descendre aussitôt la main droite pour embrasser le chien et la sous-garde, en appuyant l'arme à l'épaule, le bras droit presque allongé.

Second mouvement.

170. Laisser tomber vivement la main gauche dans le rang.

Baïonnette = AU CANON.

Un temps et trois mouvements.

Premier mouvement.

171. Saisir brusquement l'arme avec la main gauche, à hauteur de l'épaule ; la détacher un peu avec la main droite.

Deuxième mouvement.

172. Lâcher l'arme de la main droite; la descendre de la main gauche vis-à-vis le milieu du corps, la baguette en arrière; poser la crosse à terre entre les pieds, sans frapper, le canon vertical, l'extrémité à dix centimètres de la poitrine; saisir l'embouchoir avec la main droite; porter la main gauche renversée à la poignée du sabre-baïonnette.

Troisième mouvement.

173. Tirer le sabre-baïonnette, le fixer au bout du canon; empoigner l'arme avec la main gauche, le bras allongé, la main droite restant à l'embouchoir.

Portez = VOS ARMES.

Un temps et deux mouvements.

Premier mouvement.

174. Élever l'arme avec la main gauche, la porter contre l'épaule droite, la baguette en avant; descendre en même temps la main droite pour embrasser le chien et la sous-garde, le bras droit presque allongé.

Second mouvement.

175. Laisser tomber vivement la main gauche dans le rang.

176. Les soldats étant reposés sur les armes, si l'instructeur veut faire mettre la baïonnette au canon, il commande :

Baïonnette = AU CANON.

Un temps et un mouvement.

177. Saisir brusquement l'arme avec la main gauche, au-dessous et près de l'embouchoir ; apporter l'arme avec les deux mains vis-à-vis le milieu du corps, la baguette en arrière, la crosse entre les pieds, le canon vertical, l'extrémité à dix centimètres de la poitrine ; porter la main gauche renversée au sabre-baïonnette, le tirer du fourreau, le fixer au bout du canon, et reprendre la position du soldat reposé sur l'arme.

178. Les soldats étant au port d'arme, lorsque l'instructeur veut faire croiser la baïonnette, il commande :

Croisez = LA BAÏONNETTE.

Un temps et deux mouvements.

Premier mouvement.

179. Élever l'arme avec la main droite, la saisir avec la main gauche au-dessous de la grenadière, le pouce par-dessus le canon ; faire un demi à droite sur le talon gauche ; placer en même temps le pied droit en équerre,

le milieu du pied vis-à-vis et à environ dix
centimètres du talon gauche.

Second mouvement.

180. Abattre l'arme avec les deux mains,
le canon en dessus, le coude gauche appüyé
au corps; saisir en même temps l'arme à la
poignée avec la main droite, qui vient s'appuyer contre la hanche, la pointe de la baïonnette à hauteur de l'œil.

Portez = VOS ARMES.
Un temps et deux mouvements.

Premier mouvement.

181. Redresser vivement l'arme avec la
main gauche, en revenant face en avant; la
placer contre l'épaule droite, la baguette en
avant; tourner la main droite pour embrasser
le chien et la sous-garde; glisser la main gauche à hauteur de l'épaule, les doigts ouverts
et joints, le bras droit presque allongé.

Deuxième mouvement.

182. Laisser tomber vivement la main gauche dans le rang.

Remettez = LA BAÏONNETTE.
Un temps et trois mouvements.

Premier et deuxième mouvements.

183. Comme le premier et le deuxième mouvement de *baïonnette au canon*, excepté qu'à la fin du second mouvement le pouce de la main droite se place sur le ressort du sabre-baïonnette, et la main gauche embrasse la poignée et le canon.

Troisième mouvement.

184. Faire effort du pouce de la main droite sur le ressort; enlever la baïonnette, la renverser à droite, la pointe en bas; descendre la croisière contre la main droite, qui saisit la la lame avec le pouce et les deux premiers doigts allongés, les deux derniers contenant l'arme; retourner la main gauche sans quitter la poignée; mettre le sabre-baïonnette dans le fourreau, et saisir l'arme avec la main gauche, le bras allongé.

Portez = VOS ARMES.

185. Comme il est prescrit nos 174 et 175.

186. Si les soldats sont reposés sur les armes et que l'instructeur veuille faire remettre la baïonnette, les soldats exécutent ce qui est prescrit nº 177, excepté que le pouce de la main droite se place sur le resort du sabre-baïonnette, et que la main gauche embrasse la poignée et le canon; ils se conforment ensuite aux prescriptions du n° 184, et reprennent la position du soldat reposé sur l'arme.

L'arme sur l'épaule = DROITE.

Un temps et trois mouvements.

Premier mouvement.

187. Élever l'arme avec la main droite verticalement vis-à-vis l'épaule, la baguette en avant; la saisir de la main gauche au-dessous de la grenadière; placer en même temps la main droite sur le plat de la crosse, de manière que le bec se trouve entre les deux premiers doigts, les deux derniers sous la crosse.

Deuxième mouvement.

188. Achever d'élever l'arme de la main droite, la porter sur l'épaule droite, le levier en dessus.

Troisième mouvement.

189. Laisser tomber vivement la main gauche dans le rang.

Portez = VOS ARMES.

Un temps et trois mouvements.

Premier mouvement.

190. Redresser l'arme verticalement en allongeant vivement le bras droit de toute sa

longueur, la baguette en avant; saisir en même temps l'arme avec la main gauche, au-dessous de la grenadière.

Deuxième mouvement.

191. Abandonner la crosse de la main droite, qui embrasse aussitôt le chien et la sous-garde; achever de descendre l'arme avec la main droite; glisser la main gauche à hauteur de l'épaule, les doigts ouverts et joints.

Troisième mouvement.

192. Laisser tomber vivement la main gauche dans le rang.

193. Les soldats étant reposés sur les armes, si l'instructeur veut faire mettre l'arme sur l'épaule droite, il commande:

L'arme sur l'épaule=DROITE.

Un temps et trois mouvements.

Premier mouvement.

194. Élever l'arme verticalement, la main droite à hauteur des yeux, la baguette en avant; la saisir en même temps avec la main gauche à la poignée.

Deuxième mouvement.

195. Achever d'élever l'arme avec la main gauche pour la porter sur l'épaule droite; lâ-

cher l'arme de la main droite et descendre vivement cette main sur la crosse, comme il est expliqué n° 187.

Troisième mouvement.

196. Laisser tomber vivement la main gauche dans le rang.

Reposez-vous = SUR VOS ARMES.

Un temps et trois mouvements.

Premier mouvement.

197. Comme il est prescrit n° 190.

Deuxième mouvement.

198. Lâcher la crosse de la main droite ; descendre l'arme avec la main gauche le long et près du corps ; la saisir au-dessus de la grenadière avec la main droite, qui est appuyée à la hanche, et laisser tomber vivement la main gauche dans le rang.

Troisième mouvement.

199. Comme il est prescrit n° 163.

L'arme = A VOLONTÉ.

Un temps et un mouvement.

200. Porter l'arme indifféremment sur l'une ou l'autre épaule, l'extrémité du canon en l'air.

Portez = VOS ARMES.

201. Reprendre vivement la position du port d'arme.

202. Les soldats étant sur deux rangs, reposés sur les armes, et ayant la baïonnette au canon, si l'instructeur veut faire former les faisceaux, il commande :

Formez = LES FAISCEAUX.

203. L'homme du premier rang de chaque file paire passe son arme devant lui, la saisissant avec la main gauche au-dessous de l'embouchoir, et la place le talon de la crosse contre la pointe du pied droit de l'homme qui est à sa gauche, le canon tourné vers la droite.

L'homme du second rang de la file paire passe son arme à son chef de file ; celui-ci la saisit avec la main droite au-dessous de l'embouchoir, et porte la crosse à 85 centimètres environ en avant de l'alignement, vis-à-vis son épaule droite, le canon face au rang, mais obliquant un peu à droite ; il incline vers lui le bout du canon et croise les quillons des deux sabres-baïonnettes, celui de l'homme du second rang en dessous.

L'homme du premier rang de la file impaire, saisissant son arme avec les deux mains entre l'embouchoir et la grenadière, embrasse avec son quillon ceux des armes déjà placées, et laisse reposer la crosse entre ses pieds.

Le faisceau formé, l'homme du second rang de la file impaire passe son arme dans la main gauche, le canon en avant; se fend de la partie gauche, et place son arme sur le faisceau en l'inclinant.

204. Lorsque l'instructeur veut faire rompre les faisceaux, il commande :

Rompez = LES FAISCEAUX.

205. L'homme du second rang de chaque file impaire retire son arme du faisceau.

L'homme du premier rang de la file paire saisit son arme de la main gauche et celle de l'homme du second rang de sa file de la main droite, au-dessous de l'embouchoir.

L'homme du premier rang de la file impaire saisit son arme de la main gauche, également au-dessous de l'embouchoir; ces deux hommes soulèvent le faisceau pour le rompre.

L'homme du second rang de la file paire reprend son arme des mains de son chef de file, et les quatre hommes prennent la position du soldat reposé sur l'arme.

Il est interdit de former les faisseaux avec les baguettes, qui ne sont pas assez résistantes pour supporter l'effort qui en résulte.

ARTICLE III.

Charges en cinq temps et à volonté.

CHARGE EN CINQ TEMPS.

206. Les soldats étant au port d'arme, l'instructeur commande :

Charge en cinq temps.

Chargez = VOS ARMES.

Un temps et deux mouvements.

Premier mouvement.

207. Élever l'arme avec la main droite, la saisir avec la main gauche à hauteur de la hausse, faire un demi à droite sur le talon gauche, porter en même temps le pied droit à 30 centimètres en arrière et à 25 sur la droite, la pointe du pied un peu rentrée.

Second mouvement.

208. Abattre l'arme avec les deux mains, le pouce de la main gauche allongé le long du bois, l'extrémité des autres doigts ne dépassant que légèrement les bords de la monture, sans toucher le canon ; la crosse sous l'avant-

bras droit; la poignée de l'arme contre le corps, à environ dix centimètres au-dessous du téton droit, le bout du canon à hauteur de l'épaule; placer le pouce de la main droite sur la crête du chien, les autres doigts en arrière et contre la sous-garde, le coude légèrement élevé.

ARMEZ.

Un temps et un mouvement.

209. Armer en faisant sonner distinctement la gâchette, saisir le levier avec la main droite, les ongles en dessus.

Ouvrez = LE TONNERRE.
Un temps et un mouvement.

210. Tourner le levier de droite à gauche, le ramener en arrière sans brusquerie, porter la main à la giberne, et saisir la cartouche par l'étui à poudre.

Cartouche = DANS LE CANON.
Un temps et un mouvement.

211. Porter la cartouche dans l'échancrure, la balle en avant; l'introduire dans la chambre en l'accompagnant avec le pouce; placer le premier doigt sur le dard de la tête mobile, pour s'assurer que l'aiguille ne sort pas; sai-

sir le levier de la main droite, les ongles tournés vers le corps.

Fermez = LE TONNERRE.

Un temps et un mouvement.

212. Pousser fortement la culasse mobile pour achever d'introduire la cartouche dans la chambre, rabattre le levier à droite, saisir l'arme à la poignée avec la main droite, le premier doigt allongé le long du pontet.

213. Les soldats étant reposés sur les armes, si l'instructeur veut faire exécuter la charge en cinq temps, il commande :

1. *Charge en cinq temps.*
2. *Chargez* = VOS ARMES.

Un temps et deux mouvements.

Premier mouvement.

214. Élever l'arme, la main droite à hauteur de l'épaule ; la saisir avec la main gauche à hauteur de la hausse ; descendre la main droite à la poignée, et se fendre à 30 centimètres en arrière et à 25 sur la droite, la pointe du pied un peu rentrée.

Second mouvement.

215. Comme il est prescrit n° 208.

216. Deuxième, troisième, quatrième et

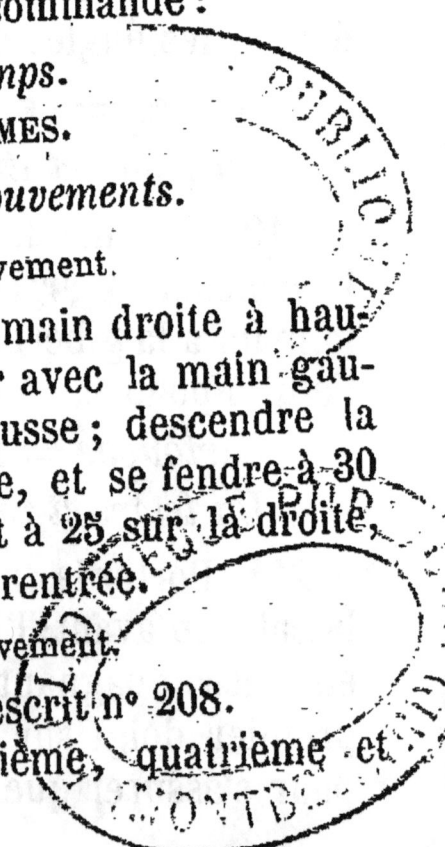

cinquième temps, comme il est prescrit
nᵒˢ 209, 210, 211, 212.

217. Les armes étant chargées, si l'instructeur veut les faire porter, il commande :

Portez = VOS ARMES.

Un temps et un mouvement.

218. Au commandement de *portez*, désarmer : à cet effet, fixer les yeux sur la boîte,
saisir le levier avec la main droite, le tourner
pour amener le cran de sûreté au milieu de
la fente supérieure de la boîte ; placer le pouce
en travers sur le chien, le premier doigt en
avant de la détente, les autres en arrière et
contre la sous-garde ; presser sur la détente
pour dégager la noix, conduire le chien au
cran de sûreté, et saisir l'arme à la poignée
avec la main droite. Au commandement de
vos armes, redresser vivement l'arme, et
prendre la position du port d'arme.

CHARGE A VOLONTÉ.

219. La charge à volonté s'exécute comme
la charge en cinq temps, sans s'arrêter sur
aucun temps.

220. Les soldats étant au port d'arme ou

reposés sur les armes, l'instructeur commande :

   1. *Charge à volonté.*

   2. *Chargez* = VOS ARMES.

221. Les armes étant chargées, si l'instructeur veut les faire porter, il commande.

   Portez = VOS ARMES.

222. Comme il est prescrit n° 218.

OBSERVATIONS.

223. Lorsque la charge en cinq temps ou à volonté est exécutée sur deux rangs, les soldats du second rang appuient de dix centimètres à droite au commandement de *charge en cinq temps* ou de *charge à volonté*, qu'ils soient au port d'arme ou reposés sur l'arme, de manière que leur épaule droite se trouve vis-à-vis le milieu du créneau. Ils se replacent à leurs chefs de file après l'exécution du mouvement de *portez vos armes.*

224. Autant que possible, les armes ne doivent être chargées qu'au moment où l'on veut faire feu.

225. Il est nécessaire, pour la bonne exécution de la charge et des feux, que les hommes aient l'aisance des coudes dans le rang.

DÉCHARGEMENT DE L'ARME.

226. Le déchargement de l'arme s'opère au moyen d'un tire-cartouche.

227. Dans le cas où le tire-cartouche est insuffisant, l'arme est déchargée avec la baguette, de la manière suivante :

228. Ouvrir le tonnerre, s'assurer que l'aiguille n'est pas sortie; poser la crosse à terre entre les pieds, l'arme un peu inclinée en avant; tirer la baguette, l'introduire dans le canon, la laisser tomber sur la cartouche en ouvrant la main pour éviter toute chance d'accident; remettre la baguette.

ARTICLE IV.

Positions du tireur.

POSITION DU TIREUR DEBOUT.

229. Les armes étant supposées chargées et les soldats au port d'arme ou reposés sur les armes, l'instructeur commande :

1. *Position du tireur debout.*
2. *Peloton* = ARMES.

Un temps et trois mouvements.

Premier et deuxième mouvements.

230. Comme les deux mouvements du premier temps de la charge.

Troisième mouvement.

231. Armer, rabattre le levier à droite, saisir l'arme à la poignée avec la main droite, le premier doigt allongé le long du pontet.

Portez=VOS ARMES.

232. Comme il est prescrit n° 218.

POSITION DU TIREUR A GENOU.

233. Les armes étant chargées et les soldats au port d'arme, l'instructeur commande :

1. *Position du tireur à genou.*
2. *Peloton*=ARMES.

Un temps et trois mouvements.

Premier mouvement.

234. Faire un demi à droite sur le talon gauche ; porter le milieu du pied droit à environ 30 centimètres en arrière et 15 centimètres à gauche du talon gauche, suivant la taille de l'homme ; saisir en même temps le fourreau du sabre-baïonnette avec la main gauche et le ramener en avant, les épaules effacées et la tête directe.

Deuxième mouvement.

235. Mettre le genou droit à terre, poser la crosse à terre sans frapper, s'asseoir sur le ta-

lon droit, placer le fourreau du sabre le bout
en avant, saisir l'arme avec la main gauche à
hauteur de la hausse, et avec la main droite
à la poignéé.

Troisième mouvement.

236. Abattre l'arme avec les deux mains,
l'avant-bras appuyé sur la cuisse gauche, la
crosse touchant la cuisse droite ; armer et rabattre le levier à droite ; saisir l'arme à la
poignée avec la main droite, le premier doigt
allongé le long du pontet.

Portez = VOS ARMES.

237. Au commandement de *portez*, désarmer, saisir l'arme à la poignée, et redresser
vivement l'arme ; au commandement de *vos
armes*, se relever, et reprendre la position du
port d'arme.

238. Si cette position est prise en partant
de celle du soldat reposé sur l'arme, la crosse
reste appuyée à terre pendant l'exécution des
deux premiers mouvements.

POSITION DU TIREUR COUCHÉ.

239. Pour prendre cette position, se coucher
sur le ventre, les deux coudes servant d'appui
et rapprochés le plus possible ; soutenir l'arme

de manière que le bout du canon ne soit pas appuyé à terre, tout corps étranger introduit dans l'âme, surtout près de la bouche, pouvant amener la rupture du canon.

OBSERVATIONS.

240. Au troisième mouvement de la position du tireur debout ou à genou, les soldats chargent leurs armes si elles ne le sont déjà.

241. Lorsque les soldats sont sur deux rangs, ceux du second rang appuient d'environ dix centimètres à droite, au commandement de *position du tireur debout* ou de *position du tireur à genou*, qu'ils soient au port d'arme ou reposés sur l'arme, de manière que leur épaule droite se trouve vis-à-vis le milieu du créneau. Ils se replacent à leurs chefs de file après l'exécution du mouvement de *portez vos armes*.

ARTICLE V.

MOUVEMENTS DE JOUE ET DE FEU.

242. Les armes étant supposées chargées et les soldats dans la position du tireur debout, si l'instructeur veut faire exécuter le feu, il commande :

1. *A tant de mètres.*

243. A ce commandement, les hommes disposent la hausse pour la distance indiquée.

2. JOUE.

Un temps et un mouvement.

244. Élever l'arme avec les deux mains, sans brusquer le mouvement, le corps restant d'aplomb; appuyer fortement la crosse contre l'épaule, le coude gauche abattu, le droit à hauteur de l'épaule; fermer l'œil gauche; prendre la ligne de mire et la diriger sur le but en penchant le moins possible la tête à droite et en avant; la deuxième phalange du premier doigt de la main droite en avant et contre la détente.

3. FEU.

Un temps et un mouvement.

245. Faire partir le coup en achevant de fermer le doigt sans effort, la tête et le corps restant immobiles.

246. A l'instruction, pour préparer les hommes à exécuter les mouvements de *joue* et de *feu*, qui sont de la plus grande importance, on les fait passer par des exercices préparatoires. Ils sont placés en demi-cercle autour du chevalet de pointage pour les deux premiers exercices, et sur un rang, à un pas de distance, pour les deux autres exercices.

PREMIER EXERCICE PRÉPARATOIRE.

247. *Pointage sur le chevalet avec la ligne de mire de* 200 *mètres*. — L'instructeur place un fusil sur le chevalet de pointage, et montre aux hommes les deux points qui déterminent la ligne de mire, c'est-à-dire le fond du cran de la hausse et le sommet du guidon ; il leur explique que pour pointer il suffit de mettre ces deux points et celui que l'on doit viser sur le même alignement, l'arme ne penchant ni à droite ni à gauche ; il pointe ensuite l'arme avec la ligne de mire de 200 mètres sur un point marqué d'une manière apparente ; puis il prescrit aux hommes d'examiner l'un après l'autre comment l'arme est pointée, en leur faisant prendre la position suivante :

Fermer l'œil gauche, la joue touchant à peine la monture, l'œil droit au-dessus de la crosse ; prendre la ligne de mire en faisant passer un rayon visuel par le fond du cran de la hausse et le sommet du guidon ; prolonger cette ligne jusqu'au point visé.

Quelques hommes parviennent difficilement à fermer l'œil gauche. On doit les y exercer jusqu'à ce qu'ils arrivent à le fermer sans trop d'effort.

248. Dès que les hommes ont bien vu et bien compris ce que c'est qu'une arme régulièrement pointée, l'instructeur dérange le fusil et prescrit successivement à chaque soldat de viser lui-même le point désigné ; il vérifie le pointage pour chacun d'eux, et indique, s'il y a lieu, les erreurs commises, en leur faisant voir que la ligne de mire est mal prise ou qu'elle est mal dirigée. Après avoir fait rectifier le pointage par le soldat lui-même, jusqu'à ce qu'il l'ait bien exécuté, l'instructeur a soin de déranger le fusil avant de passer à un autre homme.

249. L'instructeur fait ensuite pointer l'arme par un des hommes ; il fait vérifier successivement le pointage par tous les autres; demande à chacun si l'arme ne penche ni d'un côté ni de l'autre, et si la ligne de mire passe à droite ou à gauche, au-dessous ou au-dessus du point désigné. Lorsque tous les hommes lui ont donné leur opinion à voix basse, il vérifie à son tour le pointage, et indique les erreurs commises. Tous les hommes sont appelés à tour de rôle à pointer.

DEUXIÈME EXERCICE PRÉPARATOIRE.

250. L'instructeur fait répéter le premier

exercice avec une ligne de mire quelconque. A cet effet, il commence par apprendre aux hommes le maniement de la hausse et les règles de tir.

251. *Maniement de la hausse.* — L'instructeur prescrit successivement à chaque homme de disposer le curseur pour l'emploi de chacune des lignes de mire, en se conformant aux prescriptions suivantes :

252. A l'indication de la distance, coucher la planche en avant ou en arrière, suivant le cas ; saisir les rebords du curseur avec le pouce et le premier doigt de la main droite, et le faire jouer pour l'amener à la place qu'il doit occuper ; lever le planche si la distance indiquée l'exige.

253. *Règles de tir.* — Lorsque les hommes savent disposer la hausse, l'instructeur leur apprend les cinq règles de tir, savoir :

Viser le centre du but ou la ceinture d'un homme :

1º Jusqu'à 250 mètres, avec la ligne de mire de 200 mètres ;

2º Entre 250 et 350 mètres, avec la ligne de mire de 300 mètres ;

3º Entre 350 et 450 mètres, avec la ligne de mire de 400 mètres ;

4° Entre 450 et 550 mètres, avec la ligne de mire de 500 mètres ;

5° Pour toute distance plus grande que 550 mètres, élever le curseur jusqu'à ce que le bord supérieur gauche, pour les distances variant de 100 en 100 mètres, et le bord supérieur droit, pour les distances intermédiaires, soit arrivé au trait qui marque la distance estimée.

254. *Pointage avec une ligne de mire quelconque.* L'instructeur apprend ensuite aux hommes à pointer aux différentes distances, d'après les principes énoncés n°ˢ 245 et suivants, en s'occupant d'abord des distances qui sont indiquées sur le côté gauche de la planche, et en employant ensuite celles intermédiaires marquées sur le côté droit.

255. On donne l'instruction du pointage sur le chevalet, en faisant comprendre aux hommes que le but est censé placé aux distances pour lesquelles on leur fait appliquer les règles du tir. Il importe cependant, si le terrain le permet, de les exercer aussi à pointer sur des cibles placées réellement aux distances indiquées. Dans ce cas, le centre du but étant le point noir, on leur fait viser le bas de ce noir, afin d'éviter que, dans les tirs, le bout du canon ne viennent masquer le point visé à l'œil des tireurs, par suite des oscillations de l'arme.

TROISIÈME EXERCICE PRÉPARATOIRE.

256. *Placement de l'arme à l'épaule.*—L'homme étant dans la position du cinquième temps de la charge, l'instructeur se place à sa drcite, lui retire son fusil en le saisisant sous le levier, lui prescrit de laisser tomber les bras naturellement, d'élever l'épaule droite et de la porter en avant, l'épaule gauche ne bougeant pas ; puis l'instructeur applique fortement la plaque de couche contre l'épaule de l'homme, qu'il soutient de la main gauche, le talon de la crosse affleurant à peu près la partie supérieure de l'épaule, le tranchant extérieur de la plaque de couche en dedans de la couture de la manche, l'arme horizontale, ne penchant ni à droite ni à gauche ; l'instructeur fait alors saisir l'arme à l'homme, d'abord avec la main droite à la poignée, ensuite avec la main gauche sous le pied de la hausse ; il cesse de soutenir l'arme, et l'homme la maintient dans cette position, en continuant à l'appuyer fortement contre l'épaule.

257. L'instructeur passe d'un homme à l'autre pour enseigner cette position, et prescrit à celui qu'il vient de quitter de s'exercer à la prendre de lui-même. Il laisse les hommes pendant un certain temps à cet exercice, et rectifie leur position.

258. Lorsque les hommes sont bien exercés dans le placement de l'arme à l'épaule, l'instructeur leur fait d'abord prendre la ligne de mire de 200 mètres, et ensuite il les habitue à la diriger sur un point et à l'y maintenir.

259. Les hommes répètent cet exercice avec une ligne de mire quelconque; mais l'instructeur leur fait observer que pour l'emploi des hauses supérieures à 500 mètres, la mise en joue doit être modifiée, et qu'il faut, en raison des distances, baisser l'épaule, le coude et la crosse, afin de n'être pas obligé de lever la tête pour prendre la ligne de mire.

QUATRIÈME EXERCICE PRÉPARATOIRE.

260. Lorsque les soldats savent mettre en joue et maintenir la ligne de mire sur le point visé, l'instructeur les prépare à l'action du doigt sur la détente pour faire feu. Les soldats sont d'abord placés dans la position du cinquième temps de la charge, et ils s'exercent à agir sur la détente de la manière suivante: la main droite serrant l'arme à la poignée, engager la deuxième phalange du premier doigt sur la détente, fixer les yeux sur le chien, retenir la respiration, et faire partir le coup en fermant graduellement le doigt.

261. L'instructeur fait ensuite pointer et tirer les soldats dans la position du tireur debout, en employant d'abord la ligne de mire de 200 mètres, puis successivement toutes les lignes de mire de l'arme. A cet effet, il passe devant chaque soldat, lui indique la ligne de mire à prendre. Le soldat met en joue, s'appliquant à maintenir les lacets de la ligne de mire provenant de l'oscillation de l'arme au-dessous du centre noir; puis il commence à fermer le doigt, saisit l'instant où la ligne de mire est bien dirigée pour faire partir le coup en achevant de fermer graduellement le doigt; il reste en joue après que le coup est parti, et s'assure que la ligne de mire passe encore par le point visé.

262. Pendant cet exercice, l'instructeur se fait souvent viser dans l'œil droit, pour s'assurer que l'homme sait bien viser un point désigné, et maintenir son arme sur ce point au moment où il agit sur la détente; après que le coup est parti, il interroge le soldat sur la direction qu'avait la ligne de mire au moment du départ.

263. Les soldats étant bien préparés, par ces exercices, à mettre en joue et à faire feu, l'instructeur leur fait exécuter ces mouvements dans la position du tireur debout, comme il est prescrit n°s 244 et 245.

264. Lorsque les soldats ont fait feu, si l'instructeur veut faire charger les armes, il commande :

CHARGEZ

Un temps et un mouvement.

265. Retirer vivement l'arme, prendre la position du second mouvement du premier temps de la charge, et exécuter la charge à volonté.

266. Si l'instructeur veut faire porter les armes, au lieu de les faire charger, il commande :

Portez = VOS ARMES.

Un temps et un mouvement.

267. Au commandement de *portez,* prendre la position du second mouvement du premier temps de la charge, mettre le chien au cran de sûreté et saisir l'arme à la poignée; au commandement de *vos armes,* porter les armes en revenant face en avant.

268. Les soldats étant dans la position de

joue, lorsque l'instructeur ne veut pas faire exécuter le feu, il commande :

Replacez = VOS ARMES.

269. Reprendre la position du cinquième temps de la charge.

270. Les soldats étant dans la position du tireur à genou, si l'instructeur veut faire exécuter le feu, il commande :

1. *A tant de mètres.*

271. A ce commandement, les soldats disposent la hausse.

2. JOUE.

Un temps et un mouvement.

272. Placer le coude gauche sur la cuisse et près du genou; faire glisser en même temps l'arme dans la main gauche qui vient se placer contre le pontet, le poignet légèrement en dedans, l'arme maintenue entre le pouce et les quatre doigts réunis sur la main droite; appuyer la crosse contre l'épaule; prendre la ligne de mire et la diriger sur le but en penchant le moins possible la tête à droite et en avant; la deuxième phalange du premier doigt de la main droite en avant et contre la détente.

3. FEU.

273. Le feu s'exécute comme il est prescrit au n° 245.

OBSERVATIONS.

274. A l'instruction, on fait répéter aux soldats, dans la position du tireur à genou, les exercices préparatoires pour mettre en joue et faire feu, comme il est prescrit n°s 256 et suivants. On laisse les soldats placer d'eux-mêmes l'arme à l'épaule, en rectifiant, s'il y a lieu, leur position, et en veillant à ce que le corps repose sur la jambe droite, la jambe gauche ne devant soutenir que le poids de l'arme; que la crosse soit placée à l'épaule comme dans la position debout, et que la tête soit peu inclinée, surtout en avant.

275. La position à genou offrant de grands avantages pour la régularité du tir et le défilement du tireur, on doit y exercer les soldats, afin qu'elle leur devienne commode et familière, et qu'ils arrivent à charger rapidement dans cette position. La conformation de l'homme exige quelquefois que la position soit modifiée.

276. Si l'instructeur veut faire charger les armes après que les soldats ont fait feu, il commande :

CHARGEZ.

Un temps et un mouvement.

277. Retirer vivement l'arme, et charger dans la position prescrite n° 236.

278. Lorsque les soldats ont tiré, si l'instructeur, au lieu de faire charger les armes, veut les faire porter, il commande :

Portez = VOS ARMES.

Un temps et un mouvement.

279. Au commandement de *portez*, prendre la position prescrite n° 236, désarmer, saisir l'arme à la poignée, et redresser vivement l'arme ; au commandement de *vos armes,* se relever et reprendre la position du port d'arme.

280. Les soldats étant dans la position de *joue*, lorsque l'instructeur ne veut pas faire exécuter le feu, il commande : *Replacez* = VOS ARMES, et les hommes reprennent la position prescrite n° 236.

281. Les soldats étant dans la position du tireur couché, l'instructeur leur enseigne également à mettre en joue, à faire feu et à charger leur arme dans cette position. Pour charger, les hommes doivent s'appuyer sur l'avant-bras gauche.

Inspection = DES ARMES.

Un temps et un mouvement.

282. Prendre la position du second mouvement du premier temps de la charge, armer, ouvrir le tonnerre, mettre le chien au cran de départ pour faire sortir l'aiguille, et saisir l'arme à la poignée.

283. L'instructeur inspecte ensuite successivement l'arme de chaque soldat, en passant devant le rang. Chaque soldat, à mesure que l'instructeur passe devant lui, redresse son arme avec les deux mains, le tonnerre en avant, et se remet face en avant. Après l'examen de l'instructeur, il reprend la position du soldat reposé sur l'arme, après avoir fermé le tonnerre et désarmé dans la position prescrite n° 282.

ARTICLE VI.

ESCRIME A LA BAÏONNETTE.

284. Les soldats sont placés sur un rang, à quatre pas d'intervalle les uns des autres, afin qu'ils ne puissent se rencontrer dans les voltes.

285. Les soldats étant au port d'arme, l'instructeur commande :

1. *En garde.*
2. *Assurez* = GARDE.

Un temps et deux mouvements.

Premier mouvement.

286. Élever l'arme avec la main droite, la saisir avec la main gauche au-dessous de la grenadière, faire un demi à droite sur le talon gauche, placer en même temps le pied droit en équerre, le talon droit contre le talon gauche.

Second mouvement.

287. Abattre l'arme avec les deux mains, le canon en dessus, le coude gauche appuyé au corps; saisir en même temps l'arme à la poignée avec la main droite, qui vient s'appuyer contre la hanche, la pointe de la baïonnette à hauteur de l'œil; se fendre en même temps en arrière de la partie droite, à 50 centimètres, le talon droit sur le prolongement du gauche, les jarrets un peu ployés, le poids du corps portant également sur les deux jambes.

Portez = VOS ARMES.

Un temps et deux mouvements.

288. Reprendre la position du port d'arme comme il est prescrit nos 181 et 182.

289. Les soldats étant placés dans la posi-

tion de la garde, on leur fait exécuter les mouvements suivants :

1. *Face à droite* (ou *à gauche*).
2. A DROITE (OU A GAUCHE).

290. Tourner sur le talon gauche, en élevant un peu la pointe du pied ; faire face à droite (ou à gauche) ; porter en même temps le pied droit en arrière, à cinquante centimètres.

1. *Demi-tour à droite.*
2. A DROITE.

291. Tourner à droite sur le talon gauche, en élevant un peu la pointe du pied, faire face en arrière sans déranger la position de l'arme, et rapporter le pied droit en arrière et à cinquante centimètres du gauche.

1. *Demi-tour à gauche.*
2. A GAUCHE.

292. Tourner à gauche sur le talon gauche, et exécuter le mouvement précédent.

1. *Un pas en avant.*
2. MARCHE.

293. Placer le pied droit contre le gauche, et porter le pied gauche à cinquante centimètres en avant du pied droit.

1. *Un pas en arrière.*

2. MARCHE.

294. Ramener le pied gauche contre le droit, et rompre vivement du pied droit, à cinquante centimètres en arrière.

1. *Un pas à droite.*

2. MARCHE.

295. Jeter le pied droit à cinquante centimètres à droite dans la même direction, porter aussitôt le pied gauche en avant, à sa distance et à sa position.

1. *Un pas à gauche.*

2. MARCHE.

296. Jeter le pied gauche à cinquante centimètres à gauche, porter aussitôt le pied droit en arrière, à sa distance et à sa position.

1. *Double pas en avant.*

2. MARCHE.

297. Jeter le pied droit à cinquante centimètres en avant du gauche; porter vivement le pied gauche à cinquante centimètres en avant, et conserver la garde.

1. *Double pas en arrière.*

2. MARCHE.

298. Jeter le pied gauche à trente-cinq cen-

timètres en arrière du droit ; porter vivement le pied droit à cinquante centimètres en arrière du gauche, et conserver la garde.

1. *Volte-face à droite* (ou *à gauche*).
2. MARCHE.

299. Rapprocher l'arme du corps avec la main gauche, le canon vis-à-vis l'épaule gauche, sans déranger la main droite. Tourner ensuite à droite (ou à gauche) sur la pointe du pied droit ; jeter le pied gauche perpendiculairement en arrière, à cinquante centimètres ; achever la volte sur la pointe du pied gauche, et rapporter le pied droit en arrière et à sa distance ; se remettre en même temps en garde.

300. Quand les soldats, affermis dans les diverses positions, exécutent avec précision et légèreté les divers pas et voltes, on leur apprend à se servir du jeu de leur arme pour l'attaque et la défense.

1. *A gauche parez.*
2. ARME.

301. Au second commandement, élever le bout du canon de trente-cinq centimètres avec la main gauche sans déranger la droite ; faire en même temps une opposition à gauche,

d'environ quinze centimètres, et rester dans cette position.

Reprenez = GARDE.

302. Ramener l'arme à la position de la garde.

303. Chaque fois que l'instructeur fait exécuter les parades et les pointés, il fait toujours reprendre la garde, à la fin de chaque mouvement, par le commandement de *reprenez garde*.

1. *A droite parez.*

2. ARME.

304. Au second commandement, parer comme il est prescrit n° 301, excepté qu'on fait l'opposition à droite.

1. *En tête parez.*

2. ARME.

305. Au second commandement, élever l'arme des deux mains, les bras allongés, l'arme couvrant la tête, le levier tourné vers le corps et au-dessus de la tête, la baïonnette menaçante, quoique légèrement inclinée à gauche.

1. *En tête à droite (ou à gauche) parez.*

2. ARME.

306. Au second commandement, avancer l'épaule gauche (ou l'épaule droite), élever l'arme

comme il est prescrit n° 305, et parer à droite
(ou à gauche).

1. *En avant pointez.*
2. **Arme.**

307. Au second commandement, porter le
haut du corps en avant, ployer le jarret gauche et tendre le droit ; lancer vivement l'arme
des deux mains, le canon en dessus.

1. *En tête parez et pointez.*
2. **Arme.**

308. Au second commandement, exécuter
ce qui est prescrit n° 305, ployer le jarret
gauche et tendre le droit, lancer vivement
l'arme des deux mains.

1. *Coup lancé.*
2. *Lancez*=**armes.**

309. Porter le haut du corps en avant,
ployer le jarret gauche et tendre le droit ;
lancer rapidement l'arme à son adversaire de
toute la longueur du bras droit, l'abandonner
de la main gauche en pointant, et reprendre
la garde.

310. Chaque fois que les soldats sont en face
de l'infanterie, ils pointent à hauteur de la poitrine ; en face de la cavalerie, ils dirigent leur

coup à hauteur de la tête du cheval ou vers les flancs du cavalier.

311. Quand les soldats connaissent parfaitement les divers pas, les parades et les pointés, on les leur fait réunir au commandement de *marche ;* exemple :

    1. *Double pas en avant, en tête parez*
        et pointez.

    2. MARCHE.

312. Au second commandement, exécuter le double pas, parer et pointer comme il est prescrit nº 308, et reprendre la garde.

313. Comme on doit supposer le cas où un soldat est forcé de se défendre à la fois contre deux ou trois hommes, on fait exécuter les doubles mouvements et les doubles pointés, ce qui ajoute considérablement à l'adresse et à l'agilité du soldat ; exemple :

    1. *Un pas en avant, coup lancé, volte-face*
        à gauche, à gauche parez et pointez.

    2. MARCHE.

314. Au second commandement, marcher en avant, lancer le coup, exécuter la volte-face, parer à gauche, pointer et reprendre la garde.

9

MANIEMENT DE LA HACHE.

315. *Port de la hache.* — Le manche appuyé sur le rouleau de la capote au-dessus de l'épaule droite, le tranchant en l'air, le bas du fer débordant en arrière le rouleau d'environ cinq centimètres. La main droite à hauteur de l'épaule et tenant le manche à vingt-cinq centimètres environ de son extrémité inférieure.

Pour la hache sur l'épaule droite ou gauche. — Le tranchant est renversé, le manche est dans la main droite.

Pour reposer sur la hache. — La hache est le long de la jambe droite, le tranchant en haut et en avant, et la main du sapeur appuyée sur le collet de fer.

Pour présenter la hache. — Le manche vertical vis-à-vis le milieu du corps, le tranchant en haut et en avant, la partie supérieure du manche à hauteur du nez, l'avant-bras gauche placé horizontalement, la main droite à environ vingt-cinq centimètres au-dessous de la main gauche.

TITRE TROISIÈME.

École de Peloton.

---

1. L'école de peloton est une préparation à l'école de bataillon. Elle a en même temps pour objet de donner à un peloton les moyens de se mouvoir isolément.

2. Le peloton est supposé faire partie d'un bataillon formé dans l'ordre constitutif en bataille ou en colonne. Il est exercé par un officier désigné sous le nom d'*instructeur*, et reste constitué avec un chef de peloton, des chefs de section, de demi-section et d'escouade.

3. Les escouades, les demi-sections et les sections restent composées avec les hommes qui leur appartiennent, ainsi qu'il est prescrit au titre 1er, n° 14.

4. L'instructeur fait numéroter les files de la droite à la gauche, de manière que chaque homme connaisse son numéro dans son rang.

5. Les sections, les demi-sections, les escouades et les files du peloton conservent leurs désignations numériques, que le peloton soit par le premier ou par le second rang. En outre, les sections sont désignées, dans les manœuvres,

par la dénomination de *section de droite* ou de *section de gauche*, suivant qu'elles se trouvent à la droite ou à la gauche du peloton, et par celle de *section de tête* ou de *section de queue*, suivant qu'elles occupent la tête ou la queue du peloton en colonne par section.

6. L'école de peloton est divisée en cinq parties, et chaque partie en articles, ainsi qu'il suit:

PREMIÈRE PARTIE.

Article I. — Le peloton étant face par le premier rang, le mettre face par le second rang, et réciproquement (n⁰ˢ 10 à 14).

— II. — Ouvrir les rangs. Alignements et maniement des armes à rangs ouverts (n⁰ˢ 15 à 29).

— III. — Serrer les rangs. Alignements et maniement des armes à rangs serrés (n⁰ˢ 30 à 41).

— IV. — Charge à volonté (n⁰ˢ 42 et 43).

— V. — Feu de peloton. Feu à volonté (n⁰ˢ 44 à 76).

DEUXIÈME PARTIE.

Article I. — Marcher par le flanc (n⁰ˢ 77 à 84).

TROISIÈME PARTIE.

QUATRIÈME PARTIE.

CINQUIÈME PARTIE.

Article I. — Rompre et former le peloton. Mettre des files en arrière et les faire rentrer en ligne (n⁰ˢ 245 à 247).

— II. — Le peloton marchant en colonne par section, le former par le flanc pour marcher dans la même direction (n⁰ˢ 278 à 280).

— III. — Le peloton marchant par le flanc, le former par peloton ou par section en ligne (n⁰ˢ 281 à 291).

— IV. — Le peloton marchant en colonne par section, lui faire exécuter les *à droite* et les *à gauche* (n⁰ˢ 292 à 294).

— V. — Marcher en colonne de route (n⁰ˢ 295 à 311).

7. Les articles I, II et III de la première partie s'exécutent habituellement au port d'arme, mais on peut aussi les faire exécuter l'arme au pied.

Les deuxième, troisième, quatrième et cinquième parties s'exécutent au port d'arme ou l'arme sur l'épaule droite. Dans ce dernier cas, au commandement de *halte*, les soldats portent d'eux-mêmes les armes.

8. L'instructeur est le plus clair et le plus concis qu'il lui est possible dans ses explications. Le calme et le sang-froid de celui qui commande et de ceux qui exécutent étant le premier moyen d'ordre dans une troupe, l'instructeur s'attache à y habituer celle qu'il exerce, et à en donner lui-même l'exemple.

PREMIÈRE PARTIE.

9. Le peloton manœuvre habituellement par le premier rang; quand il manœuvre par le second rang, les mouvements s'exécutent par les mêmes commandements et d'après les mêmes principes.

ARTICLE I.

LE PELOTON ÉTANT FACE PAR LE PREMIER RANG, LE METTRE FACE PAR LE SECOND RANG, ET RÉCI-PROQUEMENT.

10. Le peloton étant en bataille face par le premier rang, lorsque l'instructeur veut le mettre face par le second rang, il commande :

1. *Face par le second rang.*
2. *Peloton.*
3. DEMI-TOUR = A DROITE.

11. Au premier commandement, le chef de peloton, sortant de son créneau, se place face et contre la file de droite de son peloton; le sous-officier de remplacement et les serre-files traversent vivement par le créneau du chef de peloton, et se placent face au peloton, le sous-officier de remplacement à un pas derrière le chef de peloton, les serre-files à deux pas du premier rang, vis-à-vis leurs places de bataille, en passant par derrière le sous-officier de remplacement.

12. Au troisième commandement, qui est fait de manière que le peloton se trouve face par le second rang au moment où le dernier serre-file a traversé le créneau, le peloton fait demi-tour à droite; le chef de peloton se porte dans son créneau au second rang, et le sous-officier de remplacement se place derrière le chef de peloton au premier rang.

13. Le peloton étant face par le second rang, l'instructeur le remet face par le premier rang par les mêmes commandements, en substituant l'indication de *premier rang* à celle de *second rang;* le mouvement s'exécute d'après les mêmes principes.

14. Si le peloton, au lieu d'être en bataille, est supposé faire partie d'une colonne, le mouvement s'exécute par les mêmes commandements; le chef de peloton se porte à deux pas en avant du second rang, en passant par le flanc gauche

du peloton, et les serre-files se portent derrière
le premier rang, en passant par le flanc droit.
Les guides, après avoir fait demi-tour, se placent
au second rang. En règle générale, lorsqu'une
troupe en colonne par peloton ou par section
fait face par le premier rang ou par le second
rang, les chefs de subdivision se portent à leurs
nouvelles places en passant par la gauche de
leurs subdivisions, et les serre-files passent par
la droite ; les guides, après avoir fait demi-tour,
se placent au rang qui est en avant.

ARTICLE II.

OUVRIR LES RANGS.

15. Le peloton étant reposé sur les armes et
aligné ainsi que les serre-files, lorsque l'instructeur veut faire ouvrir les rangs, il fait placer
le sergent de la 4ᵉ demi-section à la gauche du
premier rang, et commande :

1. *Garde à vous.*
2. PELOTON.
3. *Portez*═VOS ARMES.
4. *En arrière ouvrez vos rangs.*

16. Au quatrième commandement, le sous-
officier de remplacement et le sergent de la
4ᵉ demi-section se portent en arrière, à quatre
pas du premier rang, pour tracer l'alignement
du second rang. Ils jugent cette distance à l'œil
sans compter les pas.

17. L'instructeur, se portant en même temps sur le flanc droit, vérifie si ces deux sous-officiers sont placés parallèlement au premier rang. Il rectifie promptement, s'il est nécessaire, leur position et commande ensuite :

5. MARCHE.

18. A ce commandement, le second rang marche en arrière, sans compter les pas; les soldats dépassent un peu la ligne tracée pour le rang, s'arrêtent et se placent d'eux-mêmes sur l'alignement déterminé par les deux sous-officiers qui servent de base; ils se conforment à ce qui est prescrit à l'École du soldat, n° 66.

19. Le sous-officier de remplacement aligne le second rang sur le sergent de la 4° demi-section.

20. Le sous-officier de remplacement voyant le second rang aligné, commande : FIXE.

21. A ce commandement, le sergent de la 4° demi-section reprend sa place de bataille en serre-file.

22. Les serre-files marchent en arrière en même temps que le second rang, et lorsqu'il est aligné ils se placent à deux pas de ce rang.

ALIGNEMENTS ET MANIEMENT DES ARMES
A RANGS OUVERTS.

23. Les rangs étant ouverts, l'instructeur fait marcher les quatre hommes de la droite (ou de la gauche) de chaque rang trois pas en avant,

par le commandement de *quatre files de droite* (ou *de gauche*), *trois pas en avant* = MARCHE, et, après les avoir alignés, il commande :

A droite (ou *à gauche*) = ALIGNEMENT.

24. A ce commandement, chaque rang se porte sur la nouvelle ligne, et les hommes s'y placent comme il est prescrit à l'École du soldat, nᵒ 62.

25. Le chef de peloton aligne le premier rang, le sous-officier de remplacement le second; il se placent, à cet effet, du côté de l'alignement, et chacun d'eux commande : FIXE, lorsqu'il voit le plus grand nombre des hommes de son rang alignés.

26. Après chaque alignement, le chef de peloton et le sous-officier de remplacement s'assurent, en passant devant le rang, que les hommes ont une grande aisance des coudes, et que leur position est correcte.

27. L'instructeur fait prendre des alignements en arrière d'après les mêmes principes; à cet effet, il fait porter en arrière les quatre hommes de la droite (ou de la gauche) de chaque rang, par le commandement de *quatre files de droite* (ou *de gauche*), *(tant de) pas en arrière*=MARCHE, et, après les avoir alignés, il commande :

En arrière à droite (ou *à gauche*)=ALIGNEMENT.

28. Les rangs étant ouverts, l'instructeur se place de manière à voir les deux rangs, et com-

mande le maniement des armes dans l'ordre qui suit :

Présenter les armes.	*Porter les armes.*
Reposer sur les armes.	*Porter les armes.*
L'arme au bras.	*Porter les armes.*
Baïonnette au canon.	*Porter les armes.*
Croiser la baïonnette.	*Porter les armes.*
Remettre la baïonnette.	*Porter les armes.*

29. L'instructeur veille à ce que la position des pieds, du corps et de l'arme soit toujours régulière, et que les mouvements s'exécutent vivement et près du corps. Les sous-officiers prennent la position du soldat reposé sur l'arme.

ARTICLE III.

SERRER LES RANGS.

30. Les rangs étant ouverts, lorsque l'instructeur veut les faire serrer, il commande :

1. *Serrez vos rangs.*
2. MARCHE.

31. Au commandement de *marche*, le second rang serre à sa distance, chaque homme se dirigeant sur son chef de file. Les serre-files serrent à leur distance en même temps que le second rang.

ALIGNEMENTS ET MANIEMENT DES ARMES
A RANGS SERRÉS.

32. Les rangs étant serrés, l'instructeur fait prendre des alignements parallèles et obliques, à droite et à gauche, en avant et en arrière, en observant de placer toujours d'avance quatre files pour servir de base d'alignement. L'instructeur fait les commandements prescrits nos 23 et 27.

33. Le chef de peloton aligne le premier rang, et dès qu'il voit le plus grand nombre des hommes de ce rang alignés, il commande: FIXE; il rectifie ensuite, s'il y a lieu, l'alignement des autres hommes par les moyens prescrits à l'Ecole du soldat, n° 65. Le second rang se conforme à l'alignement du premier, et le sous-officier de remplacement y veille.

34. Les rangs étant immobiles, l'instructeur se porte sur le flanc pour vérifier l'alignement des deux rangs; il observe ensuite si les hommes du premier rang ont l'aisance des coudes, et si ceux du second se sont placés correctement à leurs chefs de file.

35. Dans tous les alignements, les serre-files se placent à deux pas en arrière du second rang.

36. Les alignements étant terminés, l'instructeur fait exécuter le maniement des armes comme il est prescrit n° 28.

37. L'instructeur, voulant faire reposer les soldats sans déranger l'alignement, fait reposer sur les armes, et commande :

En place = REPOS.

38. A ce commandement, les soldats ne sont plus astreints à garder l'immobilité, mais ils conservent toujours l'un ou l'autre talon en place.

39. Si, au contraire, l'instructeur veut faire reposer les soldats sans les astreindre à conserver l'alignement, il commande :

REPOS.

40. A ce commandement, les soldats ne sont plus tenus à garder l'immobilité ni la position.

41. L'instructeur peut aussi, quand il le juge convenable, faire former les faisceaux, ce qui s'exécute par les commandements et les moyens prescrits à l'Ecole du soldat, nos 202 et 203.

ARTICLE IV.

CHARGE A VOLONTÉ.

42. La charge à volonté est commandée et exécutée comme il est prescrit à l'Ecole du soldat, nos 219 et suivants.

43. Au commandement de *charge à volonté*, le sous-officier de remplacement et les hommes du second rang appuient de dix centimètres à droite.

Au premier temps de la charge, le chef de

peloton et le sous-officier de remplacement font un demi à droite, comme les soldats.

Le chef de peloton, le sous-officier de remplacement et les hommes du second rang reprennent leur position primitive dans le rang lorsque l'instructeur fait porter les armes.

ARTICLE V.

FEU DE PELOTON, FEU A VOLONTÉ.

44. Le feu de peloton et le feu à volonté s'exécutent debout et à genou.

FEU DE PELOTON DEBOUT.

45. Les soldats étant au port d'arme ou reposés sur les armes, lorsque l'instructeur veut faire exécuter le feu de peloton debout, il commande:

1. *Feu de peloton.*
2. *A (tant de) mètres.*
3. *Commencez le feu.*

46. Au premier commandement, le chef de peloton, sortant de son créneau, se porte vivement derrière le centre de son peloton, à quatre pas des serre-files; le sous-officier de remplacement recule sur l'alignement des serre-files, vis-à-vis son créneau, et les hommes du second rang appuient de dix centimètres à droite.

47. Au second commandement, le chef de peloton commande :

    1. *Peloton* — ARMES.
    2. *A (tant de) mètres.*
    3. JOUE.
    4. FEU.
    5. CHARGEZ.

48. Ces divers commandements s'exécutent comme il est prescrit à l'Ecole du soldat, nos 230, 231, 240, 243, 244, 245 et 265.

49. Le chef de peloton fait continuer le feu jusqu'au signal de l'instructeur, par les commandements suivants :

    1. *Peloton.*
    2. JOUE.
    3. FEU.
    4. CHARGEZ.

50. L'instructeur fait cesser le feu par un roulement ou la sonnerie de *cessez le feu.* A ce signal, les soldats cessent de tirer, chargent leurs armes, les désarment et les portent.

51. L'instructeur fait suivre le roulement d'un coup de baguette ou d'un coup de langue, lorsque tous les soldats ont porté les armes. A ce signal, le chef de peloton, le sous-officier de remplacement et les hommes du second rang reprennent leur position primitive dans le rang.

FEU A VOLONTÉ DEBOUT.

52. L'instructeur commande :

1. *Feu à volonté.*
2. *Peloton* = ARMES.
3. *A (tant de) mètres.*
4. COMMENCEZ LE FEU.

53. Le premier commandement s'exécute comme il est prescrit nº 46.

54. Les deuxième et troisième commandements s'exécutent comme il est prescrit à l'Ecole du soldat, nᵒˢ 230, 231, 240 et 243.

55. Au quatrième commandement, les soldats mettent en joue, visent attentivement, font feu, retirent leurs armes, les chargent, et continuent à tirer, sans se régler sur leurs voisins, jusqu'au roulement. Au coup de baguette, le chef de peloton, le sous-officier de remplacement et les hommes du second rang reprennent leur position primitive dans le rang.

FEU DE PELOTON A GENOU.

56. L'instructeur commande :

1. *Feu de peloton à genou.*
2. *A (tant de) mètres.*
3. *Commencez le feu.*

57. Au premier commandement, le chef de peloton, le sous-officier de remplacement et les hommes du second rang se conforment à ce qui est prescrit n° 46.

58. Au second commandement, le chef de peloton commande :

1. *Peloton* = ARMES.
2. *A (tant de) mètres.*
3. JOUE.
4. FEU.
5. CHARGEZ.

59. Ces divers commandements s'exécutent comme il est prescrit à l'Ecole du soldat, n°ˢ 234, 235, 236, 240, 271, 272 et 273.

Le chef de peloton fait continuer le feu jusqu'au roulement, par les commandements prescrits n° 49.

60. Au roulement ou à la sonnerie de *cessez le feu*, les soldats cessent de tirer, chargent leurs armes, les désarment, les redressent, et restent dans la position prescrite à l'Ecole du soldat, n° 237.

61. Au coup de baguette, que l'instructeur fait donner lorsqu'il voit toutes les armes redressées, le chef de peloton et le sous-officier de remplacement reprennent leur position primitive dans le rang; les soldats se relèvent, portent les armes, et ceux du second rang se placent à leurs chefs de file.

FEU A VOLONTÉ A GENOU.

62. L'instructeur commande :

1. *Feu à volonté à genou.*
2. *Peloton* — ARMES.
3. *A (tant de) mètres.*
4. COMMENCEZ LE FEU.

63. Le premier commandement s'exécute comme il est prescrit n° 46.

64. Les deuxième et troisième commandements s'exécutent comme il est prescrit à l'École du soldat, n°s 234, 235, 236, 240 et 271.

65. Au quatrième commandement, les soldats mettent en joue, visent attentivement, font feu, retirent leurs armes, les chargent et continuent à tirer, sans se régler sur leurs voisins, jusqu'au roulement.

66. Au roulement et au coup de baguette, le chef de peloton, le sous-officier de remplacement et les soldats exécutent ce qui est prescrit n°s 60 et 61.

67. On exerce le peloton à exécuter les feux, dans l'une et l'autre position, par le second rang comme par le premier rang.

OBSERVATIONS.

68. L'instructeur veille à ce que les soldats conservent le plus grand calme et le plus grand sang-froid dans les feux.

69. Les feux, comme les tirs individuels, s'exécutent toujours sans que le sabre-baïonnette soit au bout du canon.

70. Le commandement de *joue* dans les feux de peloton, et celui de *commencez le feu* dans les feux à volonté, doivent être séparés du commandement *à (tant de) mètres*, par un intervalle suffisant pour que les soldats aient le temps de disposer la hausse.

71. Dans les feux de peloton, le commandement *à (tant de) mètres* n'est répété que lorsqu'il est nécessaire de changer la hausse; dans les feux à volonté, les soldats changent d'eux-mêmes la hausse primitive lorsqu'ils le jugent utile, et ils sont dirigés dans ce soin par les officiers ainsi que par les sous-officiers.

72. Dans les feux de peloton, le commandement de *feu* est fait trois secondes environ après celui de *joue*, pour empêcher une trop grande précipitation, toujours nuisible à la justesse du tir.

73. L'instructeur se place de manière à voir les deux rangs, afin de pouvoir remarquer les fautes; il charge le chef de peloton et les serre-files d'y veiller également, et de lui en rendre compte dans les repos ; il renvoie à l'instruction individuelle les hommes dont la position est défectueuse.

74. Dans les feux à genou, les serre-files prennent la même position que les soldats. Les

officiers qui commandent le feu doivent généralement rester debout.

75. Il peut être utile de faire des feux sur quatre rangs. On place alors deux subdivisions l'une derrière l'autre, à distance de rang ; la première tire à genou, la seconde debout ; les serre-files des deux subdivisions se placent derrière le quatrième rang.

76. Dans les exercices, lorsqu'on ne tire pas à poudre, le roulement ou la sonnerie de cesser le feu est indiqué par le commandement de *roulement*, et le coup de baguette par celui de *coup de baguette.*

DEUXIÈME PARTIE.

ARTICLE I.

MARCHER PAR LE FLANC.

77. (*Planche* 1re). Le peloton étant en bataille de pied ferme, lorsque l'instructeur veut le faire marcher par le *flanc droit*, il commande :

1. *Peloton par le flanc droit.*
2. A DROITE.
3. *Peloton en avant.*
4. MARCHE.

78. Au deuxième commandement, le peloton fait à droite ; le sous-officier de remplacement

se porte devant l'homme de droite du premier rang; le chef de peloton se place à côté de ce sous-officier et à sa gauche. Le premier rang double comme il est prescrit à l'Ecole du soldat, n° 113; le second rang déboîte d'un pas à droite et double de la même manière, de sorte que, le mouvement exécuté, les files se trouvent formées de quatre hommes alignés du côté du premier rang.

79. Les serre-files appuient de manière à se trouver à deux pas des files doublées.

80. Au commandement de *marche*, le peloton part vivement; le sous-officier de remplacement et le chef de peloton se dirigent droit en avant; les hommes, dans chaque file doublée, marchent à hauteur de leurs chefs de file, en conservant la tête directe. Les serre-files marchent à hauteur de leurs places de bataille.

81. L'instructeur veille à l'exécution des principes de la marche par le flanc, en se plaçant pendant la marche comme il est prescrit à l'Ecole du soldat, n° 118.

82. L'instructeur fait marcher par le *flanc gauche* d'après les mêmes principes et par les mêmes commandements, en substituant l'indication de *gauche* à celle de *droite*. Lorsque le peloton fait à gauche, le second rang appuie d'un pas à gauche, les rangs doublent comme il est prescrit à l'Ecole du soldat, n° 115; le sergent de la 4° demi-section se place devant

l'homme de gauche du premier rang, le chef de peloton se porte vivement à côté de ce sous-officier et à sa droite ; le sous-officier de remplacement se place au premier rang à l'instant où le chef de peloton se porte à la tête du peloton.

83. En règle générale, lorsque le peloton fait à droite (ou à gauche) pour se mettre par le flanc, le rang qui est en arrière appuie d'un pas à droite ou à gauche pour doubler, et les soldats se conforment aux prescriptions générales de l'Ecole du soldat, n° 116. Le sergent de la demi-section de tête se porte en tête du rang opposé aux serre-files, et le chef de peloton se place en dehors de ce rang, à côté de ce sous-officier.

84. Lorsque le peloton fait à droite (ou à gauche), s'il a un nombre impair de files, celle dont le numéro est le plus élevé ne double pas.

ARTICLE II.

CHANGER DE DIRECTION PAR FILE.

85. Le peloton étant par le flanc, de pied ferme ou en marche, lorsque l'instructeur veut faire converser par file, il commande :

1. *Par file à gauche* (ou *à droite*).
2. MARCHE.

86. Au commandement de *marche*, la file de tête converse d'après les principes prescrits à

l'Ecole du soldat, n° 123; les hommes conservent légèrement le tact des coudes du côté du premier rang. L'homme qui est au pivot raccourcit les cinq ou six premiers pas. Chaque file vient successivement converser à la même place que celle qui la précède.

87. L'instructeur veille à ce que la conversion s'exécute d'après ces principes, afin que la distance entre les files soit toujours conservée, et qu'il n'y ait ni temps d'arrêt ni à-coup dans la marche.

ARTICLE III.

DÉDOUBLER ET DOUBLER LES FILES EN MARCHANT.

88. Le peloton étant en marche par le flanc, l'instructeur voulant faire dédoubler les files, fait porter les armes et commande :

1. *Dédoublez les files.*
2. MARCHE.

89. Au commandement de *marche*, les files qui ont doublé raccourcissent le pas et reprennent leurs places dans le rang entre leurs voisins habituels; les hommes du second rang appuient pour se mettre coude à coude aves leurs chefs de file, et les serre-files se placent à deux pas de ce rang.

90. Lorsque l'instructeur veut faire doubler les files, il commande :

1. *Doublez les files.*
2. MARCHE.

91. Au commandement de *marche*, les files doublent comme il est prescrit n° 83, et les serre-files se conforment aux prescriptions du n° 79.

ARTICLE IV.

ARRÊTER LE PELOTON MARCHANT PAR LE FLANC ET LUI FAIRE FAIRE FRONT.

92. Lorsque l'instructeur veut arrêter le peloton marchant par le flanc et lui faire faire front, il commande :

1. *Peloton.*
2. HALTE.
3. FRONT.

93. Les deuxième et troisième commandements s'exécutent comme il est prescrit à l'Ecole du soldat, n°s 120 et 121. Le second rang serre à sa distance ; le chef de peloton et le sous-officier de remplacement, ainsi que le sergent de la 4e demi-section, s'il est en tête, reprennent leurs places de bataille à l'instant où le peloton fait front.

ARTICLE V.

FORMER UN PELOTON DE DEUX RANGS SUR UN, ET RÉCIPROQUEMENT.

94. Le peloton étant formé sur deux rangs et supposé faire partie d'un bataillon en colonne, lorsque l'instructeur veut le former sur un rang, il commande :

1. *Sur un rang, formez le peloton.*
2. MARCHE.

95. Au premier commandement, le guide de droite fait à gauche.

96. Au commandement de *marche,* ce guide se met en marche et se dirige sur le prolongement du premier rang.

97. La première file se met en marche en même temps que le guide ; l'homme du premier rang tourne à droite dès le premier pas, suit le guide, et est suivi lui-même par l'homme du second rang de sa file, qui vient tourner à la même place que lui. La deuxième file, et successivement toutes les autres, se mettent en marche comme il est prescrit pour la première, de manière que l'homme du premier rang suive immédiatement l'homme du second rang de la file qui se trouve à sa droite. Le chef de peloton voit filer son peloton, et lorsque le dernier homme se met en marche, il arrête son peloton et lui fait faire front.

98. Les serre-files prennent leurs nouvelles places de bataille à deux pas derrière le rang.

99. Le peloton étant sur un rang, lorsque l'instructeur veut le former sur deux, il commande :

1. *Sur deux rangs, formez le peloton.*
2. *Peloton par le flanc droit.*

3. A DROITE.

4. MARCHE.

100. Au troisième commandement, le peloton fait à droite; le guide et l'homme de droite ne bougent pas.

101. Au commandement de *marche*, les hommes qui ont fait à droite se mettent en marche, et forment les files de la manière suivante : le deuxième homme du rang se place derrière le premier pour former la première file ; le troisième se place à côté du premier, au premier rang; le quatrième, derrière le troisième, au second rang. Tous les autres viennent se placer de la même manière, alternativement au premier et au second rang, et forment ainsi des files de deux hommes à la gauche de celles déjà établies.

OBSERVATIONS.

102. Les formations ci-dessus décrites s'exécutent habituellement par la droite du peloton ; mais lorsque l'instructeur veut les faire exécuter par la gauche, il fait faire demi-tour au peloton, et fait porter les guides au second rang.

103. La formation s'exécute ensuite par les mêmes commandements et d'après les mêmes principes que par le premier rang; le mouvement commence par la file de gauche devenue file de droite, et dans chaque file, par l'homme du second rang qui est en avant. Le sergent de la 4ᵉ demi-section se conforme à ce qui est prescrit pour le sous-officier de remplacement.

104. La formation étant achevée, l'instructeur fait faire demi-tour au peloton.

TROISIÈME PARTIE.

ARTICLE I.

MARCHER EN BATAILLE EN AVANT.

105. Le peloton étant en bataille et correctement aligné, lorsque l'instructeur veut l'exercer à la marche en bataille, il s'assure que le chef de peloton et le sous-officier de remplacement ont leurs épaules parfaitement dans la direction de leurs rangs respectifs, et qu'ils sont correctement placés l'un derrière l'autre; il se porte ensuite à environ trente pas en avant d'eux, leur fait face, et se place exactement sur leur prolongement.

106. L'instructeur, étant aligné sur la file de direction, commande :

1. *Peloton en avant.*

107. A ce commandement, un sous-officier des serre-files, désigné d'avance, se porte à six pas en avant du chef de peloton, en partant de sa droite. L'instructeur, placé comme il vient d'être prescrit, aligne correctement ce sous-of-

ficier sur le prolongement de la file de direction.

108. Le serre-file placé à six pas devant le chef de peloton, étant chargé de la direction, prend, dès que sa position est assurée, deux points à terre sur la ligne droite qui, partant de lui, irait passer entre les talons de l'instructeur.

109. Ces dispositions étant faites, l'instructeur se retire et commande :

2. MARCHE.

110. A ce commandement, le peloton part vivement. Le sous-officier chargé de la direction observe avec la plus grande précision la longueur et la cadence du pas ; marche dans la direction des deux points qu'il a choisis entre lui et l'instructeur; prend, à mesure qu'il avance, et toujours avant d'arriver au point le plus près de lui, de nouveaux points en avant qui soient exactement dans le prolongement des deux premiers. Le chef de peloton marche constamment dans les traces du sous-officier chargé de la direction, et se maintient toujours à six pas de lui ; les soldats ont la tête directe, sentent très légèrement le coude de leurs voisins du côté de la file de direction, et se conforment aux principes prescrits à l'École du soldat pour la marche de front. L'homme placé à côté du chef de peloton a une attention particulière à ne jamais le dépasser.

111. Les serre-files marchent à deux pas en arrière du second rang.

112. Si les soldats perdent le pas, l'instructeur commande :

AU PAS.

113. A ce commandement, les soldats jettent un coup d'œil sur le sous-officier chargé de la direction, reprennent le pas de ce sous-officier et replacent la tête directe.

ARTICLE II.

MARCHER EN BATAILLE OBLIQUEMENT.

114. Le peloton étant en marche directe, lorsque l'instructeur veut le faire marcher obliquement, il commande :

1. *Oblique à droite* (ou *à gauche*).
2. MARCHE.

115. Au commandement de *marche*, le peloton prend la marche oblique en faisant un demi à droite (ou un demi à gauche). Les hommes observent exactement les principes prescrits à l'Ecole du soldat, n°s 73 et 76. Ceux du second rang se maintiennent à leurs distances et dans la direction de l'homme placé à côté de leur chef de file habituel, du côté où l'on oblique.

116. Dans la marche oblique, la direction est toujours du côté vers lequel on oblique, sans que l'indication en soit faite, et lorsqu'on reprend

la marche directe, elle revient, également sans
indication, du côté où elle était précédemment.

117. Lorsque l'instructeur veut faire reprendre la marche directe, il commande :

1. *En avant.*
2. MARCHE.

118. Au commandement de *marche*, le peloton reprend la marche directe en se conformant
aux principes prescrits à l'Ecole du soldat,
n° 75; l'instructeur se porte à trente pas en
avant du chef de peloton, lui fait face, se place
correctement sur le prolongement du chef de
peloton et du sous-officier de remplacement, et
y place par un signe le sous-officier chargé de
la direction, s'il n'est pas sur cette ligne. Ce
sous-officier prend aussitôt deux points à terre
entre lui et l'instructeur, et en prend ensuite de
nouveaux à mesure qu'il avance, comme il est
expliqué n° 110.

119. Le peloton étant en marche directe,
l'instructeur lui fait quelquefois marquer et
changer le pas, passer du pas accéléré au pas
gymnastique et réciproquement, par les commandements prescrits à l'Ecole du soldat,
n°s 46, 50, 78 et 80.

120. Lorsque le peloton passe du port d'arme
à l'arme sur l'épaule droite, le second rang
raccourcit un peu le premier pas, afin de se
trouver à la distance de quarante centimètres.

et l'allonge, au contraire, pour reprendre la distance de trente-cinq centimètres lorsqu'on lui fait porter l'arme.

OBSERVATIONS.

121. L'instructeur fait placer le chef de peloton et le sous-officier de remplacement tantôt à la droite et tantôt à la gauche du peloton.

122. Le sous-officier chargé de la direction ayant la plus grande influence sur la marche du peloton, l'instructeur le choisit toujours parmi ceux qui ne laissent rien à désirer, soit pour la précision du pas, soit pour l'habitude de maintenir les épaules carrément, et de se prolonger sans varier dans une direction donnée.

123. Si le sous-officier chargé de la direction n'observe pas ces principes, le peloton flotte nécessairement, les soldats ne peuvent contracter l'habitude de faire des pas égaux en longueur et en vitesse, et de maintenir les épaules carrément, seul moyen d'arriver à la perfection de la marche en bataille.

124. L'instructeur, afin de mieux affermir les soldats dans la longueur et la cadence du pas et dans les principes de la marche en bataille, fait marcher le peloton trois ou quatre cents pas de suite sans l'arrêter, lorsque le terrain le permet.

125. L'instructeur veille avec le plus grand soin à l'observation de tous les principes de la

marche en bataille; il se tient le plus souvent
sur le flanc du côté de la direction, de manière
à voir les deux rangs et à remarquer toutes les
fautes; il se place aussi quelquefois en arrière
de la file de direction, s'y arrête pendant vingt
ou trente pas de suite, pour observer si le sous-
officier chargé de la direction s'écarte de la perpendiculaire.

ARTICLE III.

ARRÊTER LE PELOTON MARCHANT EN BATAILLE ET L'ALLIGNER.

126. L'instructeur, voulant arrêter le peloton,
cammande :

1. *Peloton.*
2. HALTE.

127. Au commandement de *halte,* le peloton
s'arrête, le sous-officier chargé de la direction
reste devant le peloton, à moins que l'instructeur, ne voulant plus faire marcher en avant,
ne lui commande de reprendre sa place de bataille.

128. Le peloton étant arrêté, l'instructeur
peut faire prendre un alignement comme il est
prescrit n° 32, ou bien il peut se borner à faire
rectifier l'alignement; dans ce dernier cas, il
commande: *Chef de peloton, rectifiez l'alignement.* Le chef de peloton porte aussitôt les yeux
sur le rang, et rectifie l'alignement, en se con-

formant à ce qui est prescrit à l'Ecole du soldat, n° 65.

129. Le peloton étant arrêté, l'instructeur peut faire marcher le pas en arrière; à cet effet, il commande :

1. *Peloton en arrière.*
2. MARCHE.

130. Le pas en arrière s'exécute d'après les principes prescrits à l'Ecole du soldat, n° 30; mais l'usage en étant peu fréquent, l'instructeur ne le fait marcher que dix à douze pas de suite, et seulement de temps à autre.

ARTICLE IV.

MARCHER EN BATAILLE EN RETRAITE.

131. Le peloton étant arrêté et correctement aligné, lorsque l'instructeur veut le faire marcher en bataille en retraite, il commande :

1. *Peloton.*
2. DEMI-TOUR = A DROITE.

132. Après avoir fait demi-tour, le peloton exécute la marche en bataille en retraite par les mêmes commandements et d'après les mêmes principes que la marche en bataille en avant, avec cette différence que, au commandement *peloton en avant*, le sous-officier chargé de la direction se place à six pas en avant des serre-files, le sous-officier de remplacement se porte

sur l'alignement des serre-files en avant de son créneau, et le chef de peloton le remplace au second rang.

133. L'instructeur fait exécuter, en marchant en bataille en retraite, tout ce qui est prescrit pour la marche en bataille en avant; les commandements et les moyens d'exécution sont les mêmes.

134. L'instructeur, voulant faire cesser la marche en retraite, arrête le peloton et lui fait faire demi-tour par les commandements prescrits n° 131.

135. Si le peloton est en marche et que l'instructeur veuille le faire passer, sans l'arrêter, de la marche en bataille en avant à la marche en bataille en retraite, et réciproquement, il se place sur le prolongement de la file de direction, à environ quarante pas en arrière du peloton, puis il commande :

1. *Peloton demi-tour à droite.*
2. Marche.

136. Au commandement de *marche*, le peloton fait vivement demi-tour, comme il est prescrit à l'École du soldat, n° 85, et continue à marcher dans la nouvelle direction.

137. Le sous-officier chargé de la direction fait demi-tour en même temps que le peloton, et se porte rapidement à six pas en avant des serre-files sur le prolongement de la file de di-

rection. L'instructeur l'assure sur la direction par les moyens indiqués n° 107. Le sous-officier de remplacement, le chef de peloton et les soldats se conforment aux principes de la marche en retraite.

138. Lorsque l'instructeur veut faire reprendre la marche en bataille en avant, il fait les mêmes commandements, et assure la direction par les mêmes moyens.

139. Le peloton marchant en retraite, si l'instructeur veut lui faire faire demi-tour et l'arrêter en même temps, il commande:

1. *Peloton demi-tour à droite.*
2. HALTE.

140. Le mouvement s'exécute comme il est prescrit à l'École du soldat, n° 87. Le chef de peloton, le sous-officier de remplacement et le sous-officier chargé de la direction reprennent leurs places de bataille dès que le peloton a fait demi-tour.

ARTICLE V.

LE PELOTON MARCHANT EN BATAILLE, LUI FAIRE EXÉCUTER LES A DROITE ET LES A GAUCHE.

141. L'instructeur exerce le peloton à passer sans s'arrêter, de la marche en bataille à la marche par le flanc, et réciproquement; dans l'un et l'autre cas, il emploie les commandements prescrits à l'École du soldat, n° 124, et chacun se conforme aux prescriptions de la

marche par le flanc ou de la marche en bataille.
Lorsque dans ces mouvements le peloton passe
de la marche de flanc à la marche en bataille,
l'instructeur, après avoir commandé *marche*,
commande aussitôt: *Direction à droite* (ou *à
gauche*). A ce commandement, le sous-officier
chargé de la direction se porte promptement en
avant du peloton. comme il est prescrit n°s 107
ou 132, et l'instructeur l'assure sur la direction.

QUATRIÈME PARTIE.

142. Dans une colonne par peloton, les sergents de la 1re et de la 4e demi-section sont guides de droite ou guides de gauche, suivant qu'ils
se trouvent au flanc droit ou au flanc gauche du
peloton.

143. Dans une colonne par section, la première section est commandée par le sous-lieutenant, et la seconde par le lieutenant; le capitaine se place sur le flanc de la colonne, du côté
des guides, à hauteur et à quatre pas de la section de tête, d'où il surveille le peloton entier.
Chaque section n'a qu'un seul guide : le sergent
de la 1re demi-section est le guide de la première
section; le sergent de la 4e demi-section, le guide
de la seconde section. Ils sont placés sur l'un

ou sur l'autre flanc de la colonne, du côté de la direction.

144. L'instructeur indique par le commandement de *guide à droite* (ou de *guide à gauche*), le côté où il veut que la direction soit prise.

ARTICLE I.

ROMPRE EN COLONNE PAR SECTION, DE PIED FERME ET POUR CONTINUER A MARCHER.

145. (*Planche II.*) L'instructeur, voulant faire rompre le peloton *par section à droite*, de pied ferme, commande :

1. *Par section à droite.*
2. MARCHE.

146. Au premier commandement, le chef de peloton se porte à deux pas devant le centre du peloton, et les chefs de section à deux pas devant le centre de leurs sections, en passant par les flancs extérieurs. Ceux-ci avertissent leurs sections qu'elles doivent converser à droite. Le sous-officier de remplacement prend la place du chef de peloton au premier rang.

147. Au commandement de *marche*, les sections conversent à pivot fixe, comme il est prescrit à l'Ecole du soldat, n° 93 ; le chef de chaque section se porte vivement en dehors du point où doit appuyer l'aile marchante, sur la perpendiculaire à la ligne qu'occupait le peloton, et fait face à cette ligne. Le chef de peloton surveille le

mouvement, et va se placer comme il est prescrit n° 143.

148. Dans chaque section, lorsque l'homme qui conduit l'aile marchante est près d'arriver sur la perpendiculaire, le chef de section commande :

    1. *Section.*
    2. Halte.

149. Au commandement de *halte*, qui est fait lorsque l'homme qui conduit l'aile marchante est arrivé à trois pas de la perpendiculaire, la section s'arrête ; le guide se porte au point où doit appuyer l'aile marchante ; il observe de laisser entre lui et l'homme de droite de la section l'espace nécessaire pour contenir le front de la section. Le chef de section y veille, et a soin de l'aligner sur l'homme de droite qui a fait à droite.

150. Le guide de la section étant ainsi établi sur la perpendiculaire, le chef de section se place à deux pas en dehors du guide, et commande :

    3. *A gauche* = ALIGNEMENT.

151. L'alignement étant achevé. le chef de section commande :

    4. Fixe,

et se porte à deux pas devant le centre de sa section.

152. Les serre-files se conforment au mouve-

ment de leurs sections, et se placent à deux pas derrière le second rang.

153. On rompt *par section à gauche* d'après les mêmes principes.

154. Dans le mouvement de rompre *par section à droite* (ou *à gauche*), lorsque le sous-officier de remplacement se trouve près de l'homme du pivot, il ne bouge pas jusqu'au commandement de *halte*, et quand il est placé du côté opposé, il conduit l'aile marchante.

155. L'instructeur, voulant faire rompre le peloton par section à droite et porter la colonne en avant de suite après la conversion, commande :

1. *Sections à droite.*
2. MARCHE.

156. Au premier commandement, le chef de peloton et les chefs de section se portent aux places indiquées n° 146, et ces derniers préviennent leurs sections qu'après avoir conversé, elles doivent se porter en avant.

157. Au commandement de *marche*, les sections conversent à droite par les principes des conversions à pivot fixe ; les chefs de section restent devant le centre de leurs sections et surveillent le mouvement de conversion ; le chef de peloton va se placer comme il est prescrit n° 143.

158. Lorsque l'homme qui conduit l'aile mar-

chante de chaque section est près d'arriver sur la perpendiculaire, l'instructeur commande :

3. *En avant.*

4. MARCHE.

5. *Guide à gauche* (ou *à droite*).

159. Au commandement de *marche*, qui est fait à l'instant où la conversion est achevée, les sections se portent en avant.

160. Au cinquième commandement, le guide de chaque section se porte sur le flanc de la colonne, du côté de la direction, s'il n'y est déjà; les soldats prennent le tact des coudes du côté du guide, et celui de la section de tête prend aussitôt des points à terre dans la direction que lui indique l'instructeur.

161. Le mouvement de *sections à gauche* s'exécute d'après les mêmes principes et par les mêmes commandements, en substituant l'indication de *gauche* à celle de *droite*.

162. Si le peloton est en marche, le mouvement de *sections à droite* (ou *à gauche*) s'exécute également par les mêmes commandements et d'après les mêmes principes.

163. Dans le mouvement de *sections à droite* (ou *à gauche*), lorsque le sous-officier de remplacement se trouve près de l'homme du pivot, il se place à côté de lui au commandement de *en avant*, et quand il est placé du côté opposé, il conduit l'aile marchante.

OBSERVATION.

164. L'instructeur, placé en avant du peloton, observe si les sections, après avoir rompu en colonne, sont placées perpendiculairement à la ligne qu'occupait le peloton en bataille, et si le guide, qui s'est porté au point où doit aboutir l'aile de sa section, a laissé entre lui et l'homme de droite (ou de gauche) du premier rang, l'espace nécessaire pour contenir le front de la section.

ARTICLE II.

MARCHER EN COLONNE.

165. Le peloton étant rompu par section, si l'instructeur veut faire marcher la colonne, il se porte à environ trente pas en avant, fait face au guide de la tête, et l'avertit de prendre des points à terre sur la ligne droite qui, partant de lui, irait passer entre les talons de l'instructeur.

166. Ces dispositions étant faites, l'instructeur se retire, et commande :

1. *Colonne en avant.*
2. *Guide à gauche* (ou *à droite*).
3. MARCHE.

167. Au commandement de *marche*, vivement répété par les chefs de section, les sections partent vivement et au même instant.

168. Les soldats se conforment, en marchant,

aux principes prescrits à l'École du soldat, n° 71.
L'homme de chaque section placé à côté du
guide a soin de ne jamais le dépasser.

169. Le guide de la tête observe, avec la plus
grande précision, la longueur et la cadence du
pas, et assure la direction de sa marche par les
moyens prescrits n° 110.

170. Le guide suivant marche dans la trace
du guide de la tête, en conservant entre ce
guide et lui une distance égale à l'étendue du
front de sa section, et en marchant le même pas
que ce guide. S'il perd sa distance, il la reprend
peu à peu, en allongeant, ou en raccourcissant
insensiblement le pas, afin qu'il n'y ait ni temps
d'arrêt, ni à-coup dans la marche. S'il s'est jeté
sensiblement en dehors ou en dedans de la direction, il s'y replace peu à peu en avançant
plus ou moins l'une ou l'autre épaule.

171. Si les sections du peloton rompu en colonne n'ont pas le même nombre de files, le
guide de la section de queue se met dans la direction du guide de la tête lorsque la colonne
est en marche, en observant les prescriptions du
n° 170.

Il en est de même lorsque, pendant la marche,
l'instructeur change le côté du guide.

172. Les chefs de section veillent à ce que les
soldats se conforment au mouvement du guide
de leur section.

173. Toutes les fois qu'on est rompu en co-

lonne, les chefs de subdivisions répètent vivement les commandements de *marche* et de *halte* de l'instructeur, à l'instant même où ils leur parviennent, et sans se régler l'un sur l'autre; ils ne répètent aucun autre commandement et avertissent seulement leurs subdivisions de ce qu'elles ont à faire.

OBSERVATIONS.

174. Le guide de chaque section est responsable de la distance, de la direction et du pas; le chef de section l'est de l'ordre et de l'ensemble de sa section; en conséquence, il se retourne souvent pour y veiller.

175. Lorsque les guides se portent d'un flanc à l'autre de la colonne, ils passent toujours devant le front de leurs sections.

176. L'instructeur, placé sur le flanc du côté des guides, veille à l'exécution de tous les principes prescrits; ils se place aussi quelquefois en arrière des guides, s'aligne correctement sur eux, et laisse marcher la colonne vingt ou trente pas de suite, pour vérifier si le guide de la tête ne s'écarte pas de la direction, et si le guide suivant marche exactement dans la trace du premier.

CHANGER DE DIRECTION.

177. (*Planche III*). Les changements de direction d'une colonne en marche s'exécutent toujours par les principes des conversions à pivot mou-

vant; ainsi, chaque fois qu'une colonne doit changer de direction, l'instructeur fait prendre à la colonne le guide du côté opposé au changement de direction, s'il n'y est déjà.

178. La colonne étant en marche, si l'instructeur veut lui faire changer de direction *à droite*, il en prévient le chef de la section de tête, et se porte aussitôt de sa personne, ou envoie un jalonneur, au point où le mouvement doit commencer; l'instructeur ou le jalonneur s'y place sur la direction des guides, de manière à présenter la poitrine au flanc de la colonne.

179. Le guide de la tête se dirige sur l'instructeur ou sur le jalonneur, de manière que son bras gauche rase la surface de la poitrine de ce jalonneur, et lorsqu'il est près d'arriver à sa hauteur, le chef de section commande :

1. *A droite conversion.*
2. MARCHE.

180. Le premier commandement est fait lorsque la section est à quatre pas du jalonneur.

181. Au commandement de *marche*, qui est prononcé à l'instant où le guide arrive au point de conversion, la section converse à droite, en se conformant à ce qui est prescrit à l'École du soldat, n° 102.

182. La conversion étant achevée, le chef de section commande :

3. *En avant.*
4. MARCHE.

183. Ces commandements sont prononcés et exécutés comme il est prescrit à l'Ecole du soldat, n°s 103 et suivants. Le guide de la section de tête prend des points à terre dans la nouvelle direction, afin d'assurer sa marche.

184. La section de queue continue à marcher droit devant elle, son guide se dirigeant sur le jalonneur, et le mouvement s'exécute comme il vient d'être expliqué.

185. Le changement de direction étant achevé, l'instructeur conserve le guide du côté où il se trouve, ou le fait prendre à droite s'il le juge convenable.

186. Les changements de direction *à gauche* s'exécutent d'après les mêmes principes.

OBSERVATIONS.

187. Afin de préparer les soldats aux différentes formations en bataille qui nécessitent l'emploi du mouvement de *tourner à droite* (ou *à gauche*), l'instructeur fait exécuter quelquefois à la colonne des changements de direction du côté du guide. Dans ce cas, le chef de la section de tête commande : *Tournez à droite* (ou *à gauche*) au lieu de *à droite* (ou *à gauche*) *conversion*. Les subdivisions tournent en se conformant à ce qui est prescrit à l'Ecole du soldat, n° 108. Le guide de la tête, après avoir tourné, prend des points à terre, afin d'assurer sa marche.

188. Il est très important, pour la conserva-

tion des distances et de la direction, que toutes les subdivisions exécutent leur changement de direction précisément à la même place que la première : c'est pour cette raison que l'instructeur doit se porter, ou envoyer un jalonneur, un peu d'avance au point où l'on doit changer de direction, et qu'il est prescrit aux guides de se diriger sur lui, et aux chefs de subdivision de ne faire commencer le mouvement qu'à l'instant où le guide rase la surface de la poitrine de l'instructeur ou du jalonneur.

189. Le chef de chaque subdivision se tourne face à sa subdivision lorsque celle qui la précède commence à tourner ou à converser, afin de veiller à ce qu'elle continue à marcher carrément jusqu'au point où elle doit changer de direction.

190. Si, dans les changements de direction, le pivot de la subdivision qui converse ne dégage pas le point de conversion, la subdivision suivante est arrêtée, et les distances se perdent. Les chefs de subdivision doivent veiller avec le plus grand soin à l'exécution de ce principe, et avertir le pivot d'allonger ou de raccourcir le pas, selon qu'ils le jugent nécessaire ; par la nature de ce mouvement, le centre de la subdivision doit cintrer un peu en arrière.

191. Les guides qui conduisent l'aile marchante ne doivent jamais altérer la longueur ni la cadence du pas dans les changements de direction.

ARRÊTER LA COLONNE.

192. La colonne étant en marche, lorsque l'instructeur veut l'arrêter, il commande :

1. *Colonne.*
2. HALTE.

193. Au commandement de *halte*, vivement répété par les chefs de section, la colonne s'arrête, les guides ne bougent plus, quand même ils n'ont pas leurs distances et ne se trouvent pas sur la direction.

OBSERVATIONS.

194. Si le commandement de *halte* n'est pas répété avec la plus grande vivacité et exécuté au même instant, les distances se perdent.

195. Si un guide, ayant perdu sa distance, cherche à la reprendre après le commandement de *halte*, il ne fait par là que rejeter sa faute sur le guide suivant, qui, s'il a bien marché, se trouve alors n'avoir plus sa distance ; si ce dernier veut à son tour reprendre la sienne, le même mouvement se propage successivement jusqu'à la queue de la colonne.

ARTICLE III.

LE PELOTON ÉTANT EN COLONNE PAR SECTION, LE FORMER A GAUCHE (OU A DROITE) EN BATAILLE, DE PIED FERME OU EN MARCHANT.

196. (*Planche IV.*) L'instructeur ayant arrêté

la colonne, et voulant la former *à gauche* en bataille, fait placer les guides à la gauche de leurs subdivisions, s'ils n'y sont déjà, se porte à distance de section en avant du guide de la tête, lui fait face, rectifie, s'il y a lieu, la position du guide suivant, et commande :

A gauche = ALIGNEMENT.

197. A ce commandement, les chefs de section se portent vivement à deux pas en dehors de leurs guides, et dirigent l'alignement de leurs sections perpendiculairement à la direction de la colonne.

198. Les chefs de section ayant aligné leurs sections, commandent : FIXE, et se portent promptement devant le centre de leurs sections.

199. Cette disposition étant faite, l'instructeur commande :

1. *A gauche en bataille.*
2. MARCHE.

200. Au commandement de *marche*, vivement répété par les chefs de section, l'homme qui est au pivot, dans chaque section, fait à gauche, appuie légèrement sa poitrine contre le bras du guide placé à côté de lui, lequel ne bouge pas ; les sections conversent à pivot fixe, chaque chef de section se tourne face à sa section pour y veiller, et lorsque l'aile marchante est près

d'arriver sur la ligne de bataille, il commande :

1. *Section.*
2. HALTE.

201. Le commandement de *halte* est fait de manière à arrêter la section, lorsque l'aile marchante arrive à trois pas de la ligne de bataille.

202. Les chefs de section ayant arrêté leurs sections, se portent en serre-file en passant par le côté de l'aile marchante.

203. Le chef de peloton se porte promptement sur la ligne de bataille, au point où doit appuyer la droite du peloton, et commande :

A *droite* = ALIGNEMENT.

204. A ce commandement, les deux sections se placent sur l'alignement ; l'homme de droite de la section de droite, qui correspond à l'instructeur, appuie légèrement sa poitrine contre le bras gauche de ce dernier ; le chef de peloton dirige l'alignement sur l'homme de gauche du peloton.

205. Le peloton étant aligné, le chef de peloton commande :

FIXE.

206. L'instructeur commande ensuite :

Guides = A VOS PLACES.

207. A ce commandement, les guides reprennent leurs places de bataille, ainsi que le chef de peloton, s'il n'y est déjà.

208. Le mouvement de *à droite* en bataille se fait d'après les mêmes principes.

209. Si la colonne est en marche, et que l'instructeur veuille la former en bataille sans l'arrêter, il fait les commandements prescrits n° 199, et se porte rapidement à distance de section, en avant du guide de la tête.

210. Au commandement de *marche*, vivement répété par les chefs de section, les guides de gauche s'arrêtent court; l'instructeur, le chef de peloton, les chefs de section et les sections se conforment à ce qui est prescrit n°s 200 et suivants :

211. On peut aussi former la colonne en bataille pour continuer à marcher. L'instructeur commande alors :

1. *Sections à gauche.*
2. MARCHE.

212. Au premier commandement, les chefs de section préviennent leurs sections qu'après avoir conversé, elles doivent se porter en avant.

213. Au commandement de *marche*, les guides s'arrêtent; les sections conversent à pivot fixe, et, lorsque la droite de chacune d'elles est près d'arriver sur la ligne de bataille, l'instructeur commande :

3. *En avant.*

4. MARCHE.

5. *Direction à droite.*

214. Au commandement de *marche*, tout le peloton prend le pas de soixante-cinq centimètres, et le chef de peloton, les chefs de section et les guides reprennent vivement leurs places de bataille.

215. Au cinquième commandement, le sous-officier chargé de la direction se place à six pas en avant du chef de peloton et est assuré sur la direction par l'instructeur, comme il est prescrit n° 118.

OBSERVATIONS.

216. L'instructeur peut se dispenser de faire le commandement de *à gauche* (ou *à droite*) *alignement* avant de commander *à gauche* (ou *à droite*) *en bataille*, à moins que, par la rectification des guides, il ne soit devenu nécessaire que les sections appuient à droite ou à gauche.

217. L'instructeur, avant de commander *à gauche* (ou *à droite*) *en bataille*, doit s'assurer que la section de queue ait exactement sa distance. Cette attention est importante pour habituer les guides à ne jamais se négliger sur ce point essentiel.

ARTICLE IV.

LE PELOTON MARCHANT EN COLONNE PAR SECTION, LE FORMER SUR LA DROITE (OU SUR LA GAUCHE) EN BATAILLE.

218. (*Planche* V.) La colonne étant en marche par section, lorsque l'instructeur veut la former *sur la droite* en bataille, il fait prendre le guide à droite, s'il n'y est déjà, et commande :

Sur la droite en bataille.

219. L'instructeur se porte ensuite promptement au point où il veut appuyer la droite du peloton formé en bataille, et s'y place face au point de direction de gauche qu'il choisit.

220. La ligne de bataille doit être telle, que le guide de chaque section, après avoir tourné à droite, ait au moins dix pas à faire pour y arrive.

221. La tête de colonne étant près d'arriver à hauteur de l'instructeur placé au point d'appui, le chef de la section de tête commande : 1. *Tournez à droite*, et lorsqu'elle est vis-à-vis l'instructeur, il commande : 2. MARCHE.

222. Au commandement de *marche*, la section tourne à droite en se conformant à ce qui est prescrit à l'Ecole du soldat, nᵒ 108. Le guide se dirige de manière que l'homme du premier rang placé à côté de lui arrive vis-à-vis de l'instructeur ; le chef de section marche devant le centre

de la section, et lorsque le guide est près d'arriver sur la ligne de bataille, il commande : 3. *Section.* 4. HALTE.

223. Au commandement de *halte*, qui est fait au moment où la droite de la section arrive à trois pas de la ligne de bataille, la section s'arrête; les files qui ne sont pas encore en ligne s'y portent promptement. Le guide va se placer sur la ligne de bataille, vis-à-vis l'une des trois files de gauche de sa section, et fait face à l'instructeur, qui l'aligne sur le point de direction de gauche, et le chef de section reprend sa place en serre-file en passant par la gauche de sa section. Le chef de peloton se porte en même temps au point où doit appuyer la droite du peloton, et commande :

A droite = ALIGNEMENT.

224. A ce commandement, la section s'aligne; l'homme du premier rang qui correspond au guide appuie légèrement sa poitrine contre le bras droit de ce guide, et le chef de peloton dirige l'alignement sur cet homme.

225. La section de queue continue à marcher droit devant elle, jusqu'à ce que le guide arrive à hauteur de la file de gauche de la section précédente ; elle tourne alors à droite au commandement de son chef, et se porte ensuite vers la ligne de bataille, son guide se dirigeant sur la file de gauche de la section déjà établie.

226. Le guide étant arrivé à trois pas de la ligne de bataille, cette section est arrêtée comme il est prescrit pour la section de tête ; à l'instant où elle s'arrête, le guide se porte promptement sur la ligne à hauteur de l'une des trois files de gauche sa section, et y est assuré par l'instructeur.

227. Le chef de la section de queue, voyant toutes les files entrées en·ligne et son guide établi sur la direction, commande :

A droite = ALIGNEMENT.

Il se porte ensuite en serre-file en passant par la gauche ; la section se place sur l'alignement, et lorsqu'elle y est établie, le chef de peloton commande :

FIXE.

228. Le mouvement étant terminé, l'instructeur commande :

Guides = A VOS PLACES.

229. A ce commmandement, les guides reprennent leurs places de bataille, ainsi que le chef de peloton, s'il n'y est déjà

230. On forme une colonne *sur la gauche* en bataille d'après les mêmes principes et par les mêmes commandements, en substituant l'indication de *gauche* à celle de *droite*.

231. Il est de principe de ne pas inverser les sections dans le peloton. Lorsque l'instructeur

veut faire passer le peloton de l'ordre en colonne
à l'ordre en bataille, il doit avoir soin de choi-
sir entre les mouvements de *à droite* ou *à gauche*
en bataille, et de *sur la droite* ou *sur la gauche*
en bataille, de manière à ne pas inverser les
subdivisions.

ARTICLE V.

EXÉCUTER PAR PELOTON LES MOUVEMENTS PRESCRITS
DANS LES ARTICLES I, II, III, IV DE LA QUATRIÈME
PARTIE.

232. On exerce quelquefois le peloton à exécuter *par peloton* les mouvements de la quatrième partie.

233. Lorsque l'instructeur veut faire rompre
par peloton à droite (ou *à gauche*), de pied ferme,
il commande :

1. *Par peloton à droite* (ou *à gauche*).
2. MARCHE.

234. Au premier commandement, le chef de
peloton se porte devant le centre du peloton et
le prévient qu'il doit converser à droite (ou à
gauche); le sous-officier de remplacement prend
la place du chef de peloton au premier rang.

235. Au commandement de *marche*, le peloton
rompt à droite (ou à gauche), d'après les principes prescrits n°ˢ 146 et 147. Le chef de peloton
se conforme à ce qui est indiqué pour les chefs
de section. Le sergent de la 4ᵉ demi-section se

porte à côté de l'homme du premier rang pour conduire l'aile marchante, loasqu'il se trouve du côté de cette aile ; il reste à sa place en serre-file lorsqu'il se trouve du côté du pivot ; dans ce cas, l'aile marchante est conduite par le sous-officier de remplacement.

236. Lorsque l'aile marchante est arrivée à trois pas de la perpendiculaire, le chef de peloton arrête son peloton par les commandements de : 1. *Peloton*. 2. HALTE. Au commandement de *halte*, le guide qui a conduit l'aile marchante se porte à la hauteur du chef de peloton, qui l'assure sur l'alignement de l'homme qui a fait à droite (ou à gauche) ; l'autre guide se place en même temps à côté de cet homme ; le chef de peloton aligne ensuite son peloton à gauche (ou à droite), et se porte devant le centre, après avoir commandé : FIXE.

237. Si l'instructeur veut faire rompre par peloton à droite (ou à gauche), pour continuer à marcher, il commande :

1. *Peloton à droite* (ou *à gauche*).
2. MARCHE.

238. Au premier commandement, le chef de peloton et le sous-officier de remplacement exécutent ce qui est prescrit pour rompre de pied ferme ; le chef de peloton prévient son peloton qu'il doit continuer à marcher.

239. Au commandement de *marche*, le chef de

peloton reste devant son peloton pour surveiller le mouvement; le peloton converse d'après les principes prescrits ci-dessus, et lorsque l'aile marchante est arrivée à trois pas de la perpendiculaire, l'instructeur commande :

    3. *En avant.*

    4. MARCHE.

    5. *Guide à gauche* (ou *à droite*).

240. Au troisième commandement, le guide du côté du pivot se place à côté de l'homme qui a fait à droite (ou à gauche). Au commandement de *marche*, fait au moment où le guide de l'aile marchante est arrivé sur la perpendiculaire, le peloton, cessant de converser, se porte en avant.

241. Un peloton supposé faire partie d'une colonne est mis en marche, change de direction, et est arrêté d'après les mêmes principes et par les mêmes commandements qu'une colonne par section.

242. Un peloton supposé faire partie d'une colonne se forme à gauche (ou à droite) en bataille d'après les mêmes principes qu'une colonne par section. L'instructeur se porte à distance de peloton en avant du guide de gauche (ou de droite), et lui fait face. Il commande ensuite : 1. *A gauche* (ou *à droite*) *en bataille.* 2. MARCHE. Au commandement de *marche*, l'homme qui est au pivot fait à gauche (ou à droite), appuie légèrement sa poitrine contre le bras du guide placé

à côté de lui, lequel ne bouge pas. Le peloton converse à pivot fixe, l'aile marchante étant conduite par le guide placé de ce côté; le chef de peloton se tourne face à son peloton pour surveiller le mouvement, et lorsque l'aile marchante est arrivée à trois pas de la ligne de bataille, le chef de peloton arrête son peloton par les commandements de : 1. *Peloton*. 2. HALTE. Au commandement de *halte*, le peloton s'arrête, et son chef se porte promptement sur la ligne de bataille, au point où doit appuyer la droite (ou la gauche) du peloton; puis il commande : *A gauche* (ou *à droite*) = ALIGNEMENT, et FIXE dès que le peloton est aligné. L'instructeur commande ensuite : *Guides* = *à vos places*. A ce commandement, les guides reprennent leurs places de bataille, ainsi que le chef de peloton, s'il n'y est déjà.

243. Si la colonne est en marche, le mouvement s'exécute par les mêmes commandements et d'après les mêmes principes. Au commandement de *marche*, le guide placé au pivot s'arrête, l'homme qui est à côté de lui fait à gauche (ou à droite), et la conversion commence.

244. Un peloton supposé faire partie d'une colonne étant en marche, se forme sur la droite (ou sur la gauche) en bataille d'après les mêmes principes qu'une colonne par section .L'instructeur, après avoir fait prendre le guide du côté où il veut établir la ligne de bataille, s'il n'y est

déjà, se porte promptement au point où doit appuyer la droite (ou la gauche) du peloton, et s'y place face au point de direction de gauche (ou de droite). Le peloton étant près d'arriver à hauteur de l'instructeur placé au point d'appui, le chef de peloton commande : 1. *Tournez à droite* (ou *à gauche*), et 2. Marche, lorsqu'il est vis-à-vis l'instructeur. Au commandement de *marche*, le peloton tourne à droite (ou à gauche) ; le guide se dirige de manière que l'homme du premier rang placé à côté de lui arrive vis-à-vis l'instructeur, et lorsqu'il est à trois pas de la ligne de bataille, le chef de peloton commande : 1. *Peloton*. 2. Halte. Les files qui ne sont pas encore en ligne s'y portent promptement, et au moment où la dernière file du peloton arrive en ligne, le guide placé du côté opposé à la direction se porte rapidement sur la ligne de bataille, à hauteur d'une des trois dernières files du peloton, fait face à l'instructeur, qui l'assure dans sa position. Le chef de peloton se porte en même temps au point où doit appuyer *la droite* (ou *la gauche*) du peloton ; puis il commande : *A droite* (ou *à gauche*) = ALIGNEMENT, et FIXE, dès que le peloton est aligné.

L'instructeur commande ensuite : *Guides* = A VOS PLACES ; à ce commandement, les guides reprennent leurs places de bataille, ainsi que le chef de peloton, s'il n'y est déjà.

CINQUIÈME PARTIE.

ARTICLE I.

Rompre et former le peloton.

ROMPRE LE PELOTON.

245. (*Planche VI.*) Le peloton étant en marche et supposé faire partie d'une colonne, l'instructeur peut le faire rompre par section, en portant l'une ou l'autre section en tête. Si l'instructeur veut rompre le peloton en portant la section de droite en tête, il commande :

1. *Rompez le peloton.*
2. *Section de droite en tête.*

246. Au premier commandement, les chefs de section se portent devant le centre de leurs sections.

247. Au second commandement, le chef de la section de droite la prévient qu'elle doit continuer à marcher droit devant elle, et le chef de section de gauche commande :

Marquez le pas.

248. L'instructeur commande ensuite :

3. MARCHE.

249. Au commandement de *marche*, répété par le chef de peloton, la section de droite continue à marcher droit devant elle, son guide se porte sur le flanc du côté de la direction, s'il n'y

est déjà. La section de gauche marque le pas, et son chef commande aussitôt :

1. *Oblique à droite.*

2. MARCHE.

Ce dernier commandement est fait de manière que la section commence à obliquer dès qu'elle est dépassée par le rang des serre-files de la section qui précède. Le guide de la section de gauche se porte sur le flanc du côté de la direction, s'il n'y est déjà.

250. Le chef de la section de gauche fait ensuite le commandement de 1. *En avant,* et celui de 2. MARCHE, à l'instant où le guide de sa section couvre le guide de la section qui est en avant.

251. Le chef de peloton se place comme il est prescrit n° 143.

252. Si l'instructeur veut faire rompre le peloton en portant la section de gauche en tête, le mouvement s'exécute d'après les mêmes principes et par les mêmes commandements, en substituant l'indication de *gauche* à celle de *droite*

FORMER LE PELOTON.

253. La colonne étant en marche par section, la section de *droite* en tête, lorsque l'instructeur veut faire former le peloton, il commande :

1. *Formez le peloton.*

2. *Section de tête oblique à droite.*

254. Au second commandement, le chef de la section de tête prévient sa section qu'elle doit obliquer à droite, et le chef de la section de queue, qu'elle doit continuer à marcher droit devant elle.

255. L'instructeur commande ensuite :

3. MARCHE.

256. La section de tête oblique à droite, et le guide de cette section se porte sur le flanc droit, s'il n'y est déjà. Lorsque la section de tête est près de démasquer celle qui suit, son chef commande : 1. *Marquez le pas*, et 2. MARCHE, à l'instant où elle l'a démasquée ; la section de tête cesse alors d'obliquer, et marque le pas.

257. Pendant ce temps, la section de queue continue à marcher droit devant elle, et lorsqu'elle est près d'arriver à hauteur de la section de tête, son guide se porte au flanc gauche, s'il n'y est déjà. Le chef de peloton commande : 1. *En avant*, et 2. MARCHE, à l'instant où les deux sections se réunissent ; la section de tête cesse alors de marquer le pas, et tout le peloton se porte en avant. Le chef de peloton se place devant le centre du peloton, et les chefs de section se portent en serre-file.

258. La colonne étant en marche par section, la section de *gauche* en tête, si l'instructeur veut faire former le peloton, le mouvement s'exécute d'après les mêmes principes et par les mêmes commandements, en substituant l'indication de *oblique gauche* à celle de *oblique droite*.

259. L'instructeur fait aussi quelquefois rompre et former le peloton au commandement du chef de peloton.

OBSERVATIONS.

260. L'instructeur se place sur le flanc, du côté de la direction d'où il peut le mieux voir tous les mouvements.

261. En rompant et en formant le peloton, il est nécessaire que les sections obliquent de manière à ne pas perdre leurs distances. Les chefs de section y veillent avec attention, et se retournent face à leurs sections.

METTRE DES FILES EN ARRIÈRE ET LES FAIRE RENTRER EN LIGNE.

262. On met des files en arrière pour franchir des obstacles de courte durée.

263. Les files sont mises en arrière sur le flanc où l'obstacle se présente, et sur les deux flancs à la fois si c'est nécessaire.

264. Le peloton étant en marche et supposé faire partie d'une colonne, lorsque l'instructeur veut faire mettre des files en arrière, il en donne l'ordre au chef de peloton, qui se retourne aussitôt face à son peloton, et commande :

1. *Une file de gauche* (ou *de droite*) *en arrière.*

2. **MARCHE.**

265. Au commandement de *marche*, la file désignée fait à droite (ou à gauche), et se place, l'homme du rang qui est en arrière, derrière la deuxième file voisine ; l'homme du rang qui est en avant, derrière la première, en ayant soin de ne pas perdre de distance.

266. L'instructeur voulant faire rompre encore une file du même côté, en donne l'ordre au chef de peloton ; ce dernier fait les commandements indiqués ci-dessus.

267. Au commandement de *marche*, fait par le chef de peloton, la file déjà rompue oblique d'une file à droite (ou à gauche), en raccourcissant le pas, afin de faire place, entre elle et le rang qui est en arrière du peloton, à la file qui doit se porter en arrière ; celle-ci rompt de la même manière que la première.

268. L'instructeur fait diminuer ainsi le front du peloton de tel nombre de files qu'il veut, sur l'un ou l'autre flanc.

269. Lorsque l'instructeur veut faire rentrer des files en ligne, il en donne l'ordre au chef de peloton, qui commande aussitôt :

1. *Une file de gauche* (ou *de droite*) *en ligne.*

2. **MARCHE.**

270. Au commandement de *marche*, la pre-

mière file de celles qui marchent par le flanc rentre vivement en ligne; les files suivantes obliquent à gauche (ou à droite) d'une file et serrent à leur distance.

271. Le chef de peloton, faisant face à son peloton, veille à l'observation des principes qui viennent d'être prescrits.

272. L'instructeur ayant fait rompre des files l'une après l'autre, et les ayant fait rentrer en ligne de même, fait rompre deux ou trois files ensemble; les files désignées font à droite (ou à gauche) sans doubler, et se placent derrière les deux files voisines de leur côté, comme si le mouvement s'exécutait file par file, en observant de ne pas perdre de distance.

273. L'instructeur ordonne ensuite au chef de peloton de faire rentrer en ligne deux ou trois files à la fois; les files désignées se portent vivement en ligne par le chemin le plus court.

274. Toutes les fois qu'on met des files en arrière, s'il y a un guide sur le flanc de la subdivision, il appuie à droite (ou à gauche), à mesure que le front diminue, de manière à se trouver toujours à côté du premier homme de ceux qui marchent de front; il appuie en sens contraire à mesure qu'on fait rentrer des files en ligne.

275. On peut mettre des files en arrière et les faire rentrer en ligne des deux côtés à la fois, d'après les mêmes principes et par les commandements suivants :

1. *(Tant de) files de gauche et (tant de) files de droite en arrière.*

2. **MARCHE.**

Et :

1. *(Tant de) files de gauche et (tant de) files de droite en ligne.*

2. **MARCHE.**

276. Le peloton étant en colonne par section, lorsque l'instructeur veut faire mettre des files en arrière ou les faire rentrer en ligne, il en donne l'ordre, et les chefs de section font les commandements prescrits n⁰ˢ 264 et suivants.

277. Comme il est de règle qu'une troupe ne doit jamais occuper plus de place en colonne qu'elle n'en occupe en bataille, on ne met des files en arrière qu'autant qu'on n'allonge pas la colonne.

ARTICLE II.

LE PELOTON MARCHANT EN COLONNE PAR SECTION, LE FORMER PAR LE FLANC POUR MARCHER DANS LA MÊME DIRECTION.

278. Le peloton étant rompu par section, l'instructeur le fait marcher par le flanc dans la même direction, par les commandements suivants :

1. *Peloton par le flanc droit (ou gauche).*
2. *Par file à gauche (ou à droite).*
3. **MARCHE.**

279. Au commandement de *marche*, les sections font à droite (ou à gauche); dans chaque section, la file de tête converse à gauche (ou à droite), et les autres files viennent successivement converser à la même place. La file de tête de la section de queue se dirige de manière à se placer à la suite de la section qui la précède. Le chef de peloton, les chefs de section et les guides se portent aux places qui leur sont assignées dans la marche du peloton par le flanc, avant que les subdivisions soient réunies.

280. Lorsque les subdivisions du peloton sont par le flanc, si elles ont des files qui n'ont pas doublé, comme il est dit n° 294, ces files doublent l'une sur l'autre en se rejoignant.

ARTICLE III.

LE PELOTON MARCHANT PAR LE FLANC, LE FORMER PAR PELOTON OU PAR SECTION EN LIGNE.

281. Le peloton marchant par le flanc droit, si l'instructeur veut le former *par peloton en ligne,* il commande:

1. *Par peloton en ligne.*
2. MARCHE.

282. Au commandement de *marche*, le sous-officier placé en tête du peloton continue à marcher droit devant lui; les soldats avancent l'épaule droite, accélèrent le pas, et se portent en ligne par le chemin le plus court, en observant

de dédoubler les files et de n'entrer en ligne
que l'un après l'autre, et sans courir. A mesure
que les soldats arrivent en ligne, ils prennent
le pas du sous-officier qui est à la droite.

283. Les hommes du rang qui est en arrière
se conforment au mouvement de leurs chefs de
file, mais sans chercher à arriver en ligne en
même temps qu'eux; le sergent de la demi-section placée à la gauche se porte sur la ligne en
même temps que la dernière file.

284. A l'instant où le mouvement commence,
le chef de peloton fait face à son peloton, pour
en surveiller l'exécution; dès que le peloton est
formé, l'instructeur commande : *Guide à gauche*
(ou *à droite*) ; le chef de peloton se porte à deux
pas devant le centre de son peloton, et prend le
pas du peloton.

285. Lorsque le peloton marche par *le flanc
gauche*, le mouvement s'exécute par les mêmes
commandements et d'après les mêmes principes.

286. Le peloton étant en marche par le flanc,
si l'instructeur veut faire former les sections en
ligne, il commande :

1. *Par section en ligne.*
2. MARCHE.

287. Le mouvement s'exécute dans chaque
section d'après les mêmes principes. Les chefs
de section se portent devant le centre de leurs
sections, celui de la section de tête passant par

la tête du peloton, et celui de la section de queue, par l'ouverture qui se fait au centre du peloton. L'instructeur commande : *Guide à gauche* (ou *à droite*), à l'instant où les subdivisions sont formées.

288. Au commandement de *guide à gauche* (ou *à droite*), fait par l'instructeur, le chef de peloton qui a suivi le mouvement en avant de la section de tête se porte à sa place de colonne, et les guides se portent au flanc gauche (ou au flanc droit), s'ils n'y sont déjà.

289. Dans ces divers mouvements, les serre-files suivent leurs sections.

290. L'instructeur peut quelquefois faire exécuter ces mouvements au commandement du chef de peloton.

OBSERVATION.

291. Lorsque la première section est composée d'un nombre impair de files et que le peloton fait par le flanc droit, la première file de la seconde section, qui a un numéro pair, double sur la dernière file de la première section, qui a un numéro impair ; et si le peloton fait par le flanc gauche, la dernière file de la première section double sur la première de la seconde section. Lorsque le peloton est formé par section en ligne, ces files se portent en ligne avec leur section respective, à la place qui leur est assignée dans la marche en colonne.

ARTICLE IV.

LE PELOTON MARCHANT EN COLONNE PAR SECTION, LUI FAIRE EXÉCUTER LES A DROITE ET LES A GAUCHE.

292. Le peloton marchant en colonne par section, l'instructeur l'exerce à exécuter les à droite et les à gauche ; il emploie les commandements prescrits à l'École du soldat, n° 124, et chacun se conforme aux prescriptions de la marche par le flanc ou de la marche en colonne.

293. Si, après avoir fait à droite (ou à gauche) en marchant, les serre-files se trouvent en avant, les chefs de section restent à deux pas derrière le centre du rang opposé aux serre-files, les guides passent au rang qui est en avant, et les serre-files marchent devant ce rang.

294. Dans l'exécution des à droite et des à gauche en colonne par section, si la dernière file de la première section a un numéro impair, cette file ne double jamais dans les mouvements de flanc, conformément aux principes prescrits à l'École du soldat, n° 116. Il en est de même de la première file de la seconde section, qui a alors un numéro pair.

ARTICLE V.

MARCHER EN COLONNE DE ROUTE.

295. Le peloton étant en marche et supposé faire partie d'une colonne, lorsque l'instructeur veut lui faire prendre le pas de route, il commande :

1. *Pas de route.*
2. MARCHE.

296. Au commandement de *marche*, les soldats prennent le pas de route, et mettent d'eux-mêmes l'arme à volonté ; ils ne sont plus tenus à marcher du même pied ni à observer le silence ; les files marchent à l'aise, mais on a attention que les rangs ne se confondent pas, que les hommes du premier rang ne dépassent jamais le guide, et que ceux du second rang ne prennent que soixante-dix centimètres de distance.

297. Le peloton marchant au pas de route, lorsque l'instructeur veut le faire marcher au pas cadencé, il commande :

1. *Pas accéléré.*
2. MARCHE.

298. Au commandement de *marche*, les soldats prennent le pas cadencé, mettent l'arme sur l'épaule droite, et serrent de manière à avoir quarante centimètres de distance entre les rangs.

299. Le peloton marchant au pas de route,

l'instructeur peut faire rompre et former le peloton, mettre des files en arrière et les faire
rentrer en ligne. Ces mouvements s'exécutent
comme il est prescrit à l'article premier de la
cinquième partie.

300. Le peloton marchant au pas de route,
en colonne par section, l'instructeur peut faire
rompre les sections, si elles sont de dix files et
au-dessus.

301. On rompt les sections en portant en tête
les demi-sections de droite (ou de gauche), suivant que le peloton a été rompu, la section de
droite (ou de gauche) en tête. L'instructeur commande :

1. *Rompez les sections.*
2. *Demi-sections de droite* (ou *de gauche*) *en
tête.*
3. MARCHE.

302. On forme les sections en faisant obliquer
les demi-sections de tête de chaque section à
droite (ou à gauche), suivant que leur place est
à la droite (ou a la gauche) des demi-sections
de queue. L'instructeur commande :

1. *Formez les sections.*
2. *Demi-sections de tête oblique à droite* (ou
à gauche).
3. MARCHE.

303. Dans une colonne par demi-section, la
première et la troisième demi-section sont com-

mandées par les chefs de section ; la deuxième, par le sergent de cette demi-section ou par le fourrier, s'il est plus ancien ; la quatrième, par le sergent-major.

304. Chaque sergent est le guide de sa demi-section. Dans la deuxième demi-section, le fourrier sert de guide s'il est moins ancien que le sergent.

305. Aussitôt que les sections sont rompues, le chef de peloton se place comme il est prescrit n° 143 ; les chefs de demi-section se portent au flanc de leurs demi-sections du côté de la direction, au premier rang, et les guides reculent au second rang. Les chefs de demi-section reprennent leurs places à deux pas devant le centre de leurs subdivisions lorsque le peloton passe du pas de route au pas cadencé.

306. Le peloton étant en marche au pas de route, l'instructeur lui fait changer de direction à droite (ou à gauche), ce qui s'exécute sans commandement, et à l'avertissement seulement des chefs de subdivision. Le second rang vient changer de direction à la même place que le premier ; chaque rang se conforme, quoique au pas de route, aux principes qui ont été prescrits pour changer de direction à rangs serrés.

307. Lorsque le peloton est en colonne par section ou par demi-section au pas de route, les changements de direction se font sans changer

les guides de place, et par des mouvements de conversion.

308. Lorsqu'il y a lieu de mettre des files en arrière, le mouvement s'exécute successivement dans chaque subdivision au moment où elle arrive près de l'obstacle. Les files rentrent en ligne dès que l'obstacle est passé.

309. Le peloton, supposé faire partie d'une colonne ou rompu en colonne par section ou demi-section, étant en marche au pas route, si l'instructeur veut le faire marcher par le flanc dans la même direction, il lui fait prendre le pas cadencé, et fait les commandements prescrits n° 278.

310. L'instructeur fait quelquefois exécuter ces divers mouvements au commandement du chef de peloton.

311. On exerce quelquefois le peloton en colonne par demi-section à se former en bataille, et quand il est en bataille, à rompre en colonne par demi-section. Dans ce dernier mouvement, les chefs de la 2e et de la 4e demi-section passent par les mêmes créneaux que leurs chefs de section, pour se porter devant le centre de leurs demi-sections.

TITRE QUATRIÈME

Pratique du Tir

PREMIÈRE PARTIE

—

ARTICLE 1.

NOTIONS GÉNÉRALES.

1. Dans les exercices préparatoires de tir, les soldats apprennent que la ligne de mire d'une arme passe par le fond du cran de la hausse et le sommet du guidon, et que pour viser il faut mettre ces deux points et le but à atteindre sur le même alignement. Ils y apprennent, en outre, le maniement de la hausse, les règles de tir, le placement de l'arme à l'épaule, le pointage avec une ligne de mire quelconque, la manière d'agir sur la détente, et de conserver l'immobilité de l'arme et du corps en faisant partir le coup. Cette première instruction leur suffit pour exé-

cuter le tir à la cible sur un polygone, où les distances auxquelles on tire sont connues et en rapport avec la graduation de la hausse ; mais il est nécessaire de la compléter, afin qu'ils puissent, en toutes circonstances, se servir judicieusement de leur arme.

Ainsi, les officiers et les sous-officiers, qui reçoivent une instruction plus étendue sur le tir, doivent profiter de toutes les occasions pour donner aux soldats des explications à leur portée sur la manière de régler le tir, en modifiant ou sans modifier la hausse ; sur la forme de la trajectoire et l'étendue des zones dangereuses, sur les causes générales des écarts dans le tir et les moyens d'en atténuer les effets ; et, enfin, ils leur expliquent comment on tire sur un but mobile et comment on exécute un tir plongeant.

Régler le tir en modifiant la hausse.

2. Lorsque le soldat a bien appliqué les principes du tir, si la balle porte en avant du but ou trop bas, il doit augmenter la hausse, et si elle porte trop haut ou passe par-dessus le but, il doit la diminuer dans des proportions qui varient en raison des erreurs commises et des distances.

Le tableau suivant fournit, à cet égard, des indications qu'on peut utiliser.

DISTANCES.	QUANTITÉS dont on élève ou dont on abaisse le tir quand on augmente ou qu'on diminue la hausse de 1 millimètre.	QUANTITÉS dont il faut augmenter ou diminuer la hausse pour relever ou abaisser le tir de 1 mètre.
300^m	0^{m}41	2^{mm}04
400	0 54	1 80
500	0 73	1 30
600	0 87	1 14
700	1 02	0 97
800	1 16	0 86
900	1 30	0 76
1000	1 46	0 68

Régler le tir sans modifier la hausse.

3. Lorsque le soldat doit faire varier la portée de son tir sans pouvoir ou sans avoir le temps de régler la hausse, il peut encore atteindre le but en visant plus haut ou plus bas.

Forme de la trajectoire et étendue des zones dangereuses.

4. La trajectoire de la balle est une courbe, dont le point culminant est d'autant plus élevé

au-dessus de la ligne de mire que le but à atteindre est plus éloigné. Lorsque le soldat tire avec la hausse de 200ᵐ, la trajectoire s'élève très peu au-dessus de la ligne de mire, et s'il vise un homme à la ceinture, il peut toujours l'atteindre jusqu'à 265ᵐ. Avec la hausse de 300ᵐ, le point le plus élevé de la trajectoire est déjà à plus d'un mètre au-dessus de la ligne de mire, et l'homme visé à la ceinture ne peut plus être atteint que s'il est placé en un point quelconque compris entre 68ᵐ en deçà et 43ᵐ au delà de 300ᵐ. Cet espace est ce que l'on appelle la zone dangereuse, correspondante à la distance de 300ᵐ. A mesure que la hausse employée est plus forte, la zone dangereuse diminue d'étendue, de sorte que la justesse du tir est d'autant plus dépendante de l'appréciation des distances que le but est plus éloigné.

Tableau des zones dangereuses.

5. Ce tableau fait connaître, pour le fusil modèle 1866, l'étendue des zones dangereuses correspondant à chacune des distances réglementaires du tir à la cible, et par conséquent la limite d'erreur que le tireur ne peut dépasser dans l'appréciation de chacune de ces distances.

DISTANCES	FANTASSINS 1m60			CAVALIERS 2m50			FLÈCHES ou plus grande hauteur de la balle au-dessus des lignes de mire
	En avant	En arrière	Total	En avant	En arrière	Total	
200m	200m	65m	265m	200m	88m	288m	0m 43
300	68	43	111	300	63	363	1 07
400	43	31	74	72	45	117	2 07
500	28	23	51	44	36	80	3 52
600	19	17	36	31	28	59	5 50
700	15	14	29	24	22	46	8 12
800	12	11	23	19	18	37	11 54
900	10	9	19	16	15	31	15 40
1000	8	8	16	13	12	25	20 30

Causes générales des écarts dans le tir.
Moyens d'en atténuer les effets.

6. Les écarts qui se produisent dans le tir tiennent à plusieurs causes : on peut les attribuer au tireur, à l'arme, aux munitions ou au circonstances atmosphériques.

7. Le soldat parvient à atténuer considérablement l'effet des déviations dues exclusivement au tireur, par l'application des principes du tir. Ces déviations tiennent généralement, si sa position est bonne, à ce qu'il penche son arme à

14

droite ou à gauche, qu'il prend trop de guidon,
qu'il ne vise pas par le fond du cran de mire, ou
qu'il agit brusquement sur la détente.

8. Le tireur peut aussi réussir à prévenir en
partie celles qui sont indépendantes de sa personne; il doit, pour cela, s'appliquer d'abord à
connaître son arme. Il peut se faire, bien que cela
arrive rarement, que la hausse et le guidon de
son fusil ne soient pas convenablement placés,
et que les coups bien visés portent régulièrement
à gauche ou à droite. Le tireur peut les ramener
sur le but en dirigeant la ligne de mire à droite
du point à atteindre si les coups portent à gauche,
à gauche si les coups portent à droite, d'une
quantité que l'expérience seule peut lui indiquer,
mais qui est d'autant plus grande que le but est
plus éloigné. Il est utile aussi qu'il sache que la
graduation de la hausse, pour chacune des distances, n'a rien d'absolu, et qu'ayant été réglée
d'après des données moyennes, elle est généralement trop forte dans une saison chaude et
sèche.

9. Des munitions avariées, des cartouches
contenant plus ou moins de poudre que la charge
réglementaire, peuvent encore l'obliger à faire
varier la hausse pour une distance donnée.

10. De toutes les causes atmosphériques, celle
qui peut amener le plus d'irrégularité dans le
tir est le vent, qui agit sur le projectile, surtout
aux grandes distances, et sur le tireur. Le soldat

doit savoir qu'il doit viser à gauche du but à atteindre lorsque ie vent vient de gauche, et à droite s'il vient de droite, et s'abriter lui-même du vent toutes les fois qu'il le peut.

1¹. Enfin, on doit dire au soldat, pour qu'il en tienne compte selon le cas, que ces causes de déviation peuvent s'ajouter l'une à l'autre, comme elles peuvent se neutraliser, et qu'il est tenu, s'il veut devenir bon tireur, de se faire une expérience personnelle, en agissant d'après ces indications générales.

Tir sur un but mobile.

12. On peut avoir à tirer sur un but qui se meut transversalement; on doit, dans ce cas, tenir compte de ce mouvement, et ne pas diriger la ligne de mire sur le point où se trouve le but au moment du tir, mais sur celui où l'on juge qu'il sera placé quand la balle aura franchi la distance. La ligne de mire doit donc être dirigée en avant du but, et d'autant plus en avant que ce but se meut plus rapidement et qu'il est plus éloigné. Il est difficile de donner des règles précises pour toutes les circonstances d'un tir de ce genre; on peut dire seulement que, pour un cavalier traversant le plan de tir à 60⁰ mètres, il suffit de viser, suivant qu'il marche au pas, au trot, ou au galop, à 1, 3 et 6 mètres en avant.

13. Si, au lieu de traverser le plan de tir, le cavalier se rapproche ou s'éloigne du tireur, il

faut tirer d'autant plus bas ou plus haut que sa vitesse est plus ou moins grande, qu'il est plus ou moins éloigné.

Tir plongeant.

14. Lorsque le but est couvert par un obstacle, le tireur peut encore l'atteindre s'il se place à une distance telle que la balle s'élève, dans son trajet, à une hauteur assez grande pour aller toucher le but en plongeant, pour ainsi dire, derrière l'obstacle. Dans un siége, par exemple, l'ennemi se trouvant derrière la fortification, peut encore être atteint par l'assiégeant tirant de cette manière; la balle arrive d'autant plus près du pied intérieur du parapet qu'elle part d'un point plus éloigné.

15. Ce genre de tir, qu'on nomme tir plongeant, ne peut s'exécuter avec efficacité qu'à des distances supérieures à 500 mètres. Il faut viser la crête du parapet, en augmentant la hausse d'un millimètre de 500 à 800 mètres, et d'un demi-millimètre pour les distances supérieures à 800 mètres.

ARTICLE II.

APPRÉCIATION DES DISTANCES.

16. Des séances spéciales sont consacrées à l'appréciation des distances ainsi qu'à l'application des règles de tir. L'instruction de la troupe est précédé de celle des officiers, sous la direction

des chefs de bataillon, et de celle des sous-officiers, qui est faite par le capitaine instructeur de
tir, avec l'aide des officiers de tir des bataillons.
Pour la troupe, les exercices ont lieu par compagnie.

17. L'instructeur exerce les hommes à l'appréciation des distances, en faisant placer en avant
du front de la troupe, dans des directions différentes, quatre groupes de jalonneurs : le premier
à 200^m, le second à 300^m, le troisième à 400^m, le
quatrième à 500^m. Chacun de ces groupes est
composé de deux hommes qui sont prévenus,
l'un de rester debout et immobile, l'autre de
faire les mouvements habituels du tirailleur,
sans trop s'écarter de son voisin. On recommande alors aux soldats de se rendre compte de la
manière dont ils distinguent les mains, la
figure, la tête et les mouvements des bras et des
jambes de ces jalonneurs, suivant la distance qui
les en sépare.

18. L'instructeur fait ensuite placer dans
d'autres directions, à des distances inconnues, et
dans un rayon de 500^m, plusieurs autres groupes
de jalonneurs; les soldats apprécient les distances auxquelles ces groupes sont placés, en com-
parant la manière dont ils les distinguent par
rapport aux groupes de jalonneurs qui se trouvent
à des distances connues. L'instructeur interroge
alors, l'un après l'autre, les soldats sur leur

appréciation ; puis il fait mesurer les distances, afin de corriger les erreurs commises.

19. Cet exercice est renouvelé plusieurs fois, en changeant les jalonneurs, et en plaçant les groupes dans des directions nouvelles. Lorsque les soldats y ont acquis une certaine expérience, l'instructeur passe à l'appréciation des distances de 600 à 1,000ᵐ en agissant de la même façon.

20. Dans chacun de ces exercices l'instructeur appelle, en même temps, l'attention des soldats sur la manière dont ils voient les objets saillants du terrain qui peuvent se trouver près des jalonneurs, à des distances connues, tels que pierres, arbres, buissons, maisons, etc., et leur fait apprécier les distances auxquelles se trouvent des objets semblables placés à des distances inconnues.

21. L'appréciation des distances peut aussi se faire utilement en faisant remarquer aux hommes un objet placé, par exemple, à 100ᵐ d'eux, et en leur disant de reporter à l'œil, sur l'espace à mesurer, cette longueur de 100ᵐ, autant de fois que cet espace leur semble la contenir. L'instructeur recueille l'appréciation de chaque soldat, et fait ensuite mesurer la distance à apprécier.

22. On ne saurait fixer par des règles absolues et invariables les nombreux détails d'exécution qui peuvent convenir à de semblables exercices; mais il importe que les officiers soient pénétrés de leur utilité et s'attachent à faire faire aux

hommes et à faire pour leur propre compte des observations fructueuses. Ces exercices sont répétés le plus souvent possible, en toutes saisons et sur des terrains variés.

OBSERVATIONS.

23. Dans les exercices de l'appréciation des distances, on a besoin constamment de mesurer des distances au cordeau ou au pas. Ce dernier moyen étant le plus pratique, il est nécessaire que les officiers, les sous-officiers, les caporaux et même les soldats, connaissent l'étalonnage de leur pas.

24. Pour faire connaître aux hommes l'étalonnage de leurs pas, l'instructeur fait mesurer en ligne droite, avec un cordeau, une longueur de 100 mètres, dont les extrémités sont marquées par des jalonneurs.

25. Il ordonne aux hommes de parcourir cette distance à leur allure naturelle, en comptant les pas. Il les fait partir l'un après l'autre, en les espaçant assez pour qu'ils ne se gênent pas mutuellement.

26. Il leur fait répéter cette opération cinq ou six fois, et prend note, à chaque parcours, du nombre de pas comptés par chacun ; puis il prend la moyenne pour chaque soldat, et lui fait connaître le nombre de pas qu'il doit compter comme mesure de la distance de 100 mètres et de 10 mètres.

27. Dès qu'un homme connaît l'étalonnage de

son pas, il peut mesurer en mètres une distance avec une assez grande approximation, et cette connaissance lui permet de s'exercer lui-même à l'appréciation des distances dans ses promenades et ses moments de loisir.

28. Lorsque l'homme veut mesurer en mètres une distance au moyen de son pas, il marche le nombre de pas qui représente pour lui 100 mètres, et marque 100 mètres par un moyen quelconque; il continue à marcher et à marquer 200 mètres, 300 mètres, etc. Quand il suppose se trouver à moins de 100 mètres du but, il marque par 10 mètres, comme il a marqué par 100 mètres, et néglige la dernière quantité de pas moindre de 10 mètres.

ARTICLE III.

APPLICATION DES RÈGLES DE TIR.

Feux simulés sur une troupe à rangs serrés.

29. La troupe est partagée en deux subdivisions.

30. Les subdivisions, conduites par leurs chefs, s'éloignent l'une de l'autre en suivant une ligne sinueuse, de manière qu'il soit impossible de déduire la distance du nombre de pas faits pendant le mouvement.

31. Le capitaine, qui se porte à son gré à l'une des deux sections, fait battre ou sonner *halte*

quand il les juge suffisamment espacées; aussitôt les sections sont arrêtées et alignées face à face.

– 32. Le chef de chaque subdivision fait exécuter un feu de peloton sur la subdivision qui lui fait face, en laissant aux soldats le soin d'apprécier eux-mêmes la distance.

33. Le chef de la subdivision laisse un intervalle suffisant entre le commandement de *peloton* =ARMES et celui de *joue*, pour éviter que les tireurs, agissant avec trop de précipitation, ne placent le curseur au hasard.

34. Dès que le feu simulé est terminé, chaque chef de section fait mesurer la distance ; les sous-officiers ou les caporaux qui en sont chargés se mettent en marche dans la direction l'un de l'autre en mesurant la distance au pas; quand ils se rencontrent, l'un d'eux fait la somme des deux mesures partielles, et la fait signaler (en mètres), en négligeant les unités, par un clairon ou un tambour qui l'a accompagné.

35. Le clairon indique la distance par autant de coups de langue traînants qu'elle contient de centaines de mètres, et par autant de coups de langue brefs qu'elle contient de dizaines en sus des centaines; il laisse un intervalle suffisant entre les deux espèces de coups de langue.

Le tambour fait un roulement pour chaque centaine, et donne un coup de baguette pour chaque dizaine de mètres.

36. On fait alors ouvrir les rangs, et les offi-

ciers, ou les sous-officiers, passent devant les rangs pour vérifier la hausse de chaque homme et lui indiquer l'erreur qu'il a pu commettre. Il est tenu note des hommes qui ont montré le plus d'aptitude pour l'appréciation des distances.

Feux simulés sur une ligne de tirailleurs.

37. Le capitaine fait exécuter, d'après les mêmes règles, des feux simulés sur une ligne de tirailleurs. Lorsqu'il juge les sections suffisamment espacées, il fait sonner *halte* et déployer en tirailleurs.

38. Les chefs de subdivision commandent *commencez le feu,* et presque aussitôt après *cessez le feu,* puis font rassembler leurs subdivisions.

39. La vérification des hausses se fait dès que les tirailleurs sont rassemblés.

40. Lorsque les dimensions du polygone le permettent, on fait porter quelquefois les sections à de grandes distances, à 1,200 ou 1,500 mètres l'une de l'autre ; on les déploie en tirailleurs face à face; on les fait marcher en avant, en ne faisant commencer le feu qu'à bonne portée ; puis on arrête les lignes et on vérifie les hausses, après avoir mesuré les distances.

41. Quand le terrain n'offre pas d'abris, on fait prendre fréquemment aux hommes la position à genou ou couchée : on les exerce ainsi à ce qu'ils doivent réellement faire devant l'ennemi.

ARTICLE IV.

TIR DANS LES CHAMBRES.

42. Le tir dans les chambres, quel que soit le système adapté au fusil, est un excellent exercice pour développer l'adresse du tireur, et l'habituer à corriger son tir. L'instructeur doit s'attacher à ce que les soldats prennent rapidement la ligne de mire en mettant en joue.

43. Ce tir commence pour les hommes de recrue dès qu'ils ont terminé les exercices préparatoires de tir, et les anciens soldats y sont exercés le plus souvent possible.

ARTICLE V.

TIR A LA CIBLE.

44. Le tir à la cible comprend :

1° Le tir individuel à toutes les distances marquées sur le champ de tir ;

2° Le tir en tirailleurs à des distances inconnues ;

3° Le tir à rangs serrés à commandement ou à volonté, à des distances déterminées.

45. Les hommes portent le sac et n'ont pas le sabre-baïonnette au bout du canon.

Tir individuel.

46. Le tir individuel est exécuté aux distances réglementaires.

47. Les distances sont marquées sur le champ de tir, et les cibles sont placées par les soins des officiers de tir.

48. Dans chaque séance, un tiers des balles est tiré dans la position debout, un tiers dans la position à genou, un tiers dans la position couchée.

49. Avant l'arrivée de la troupe, les officiers de tir déterminent le point à viser en tirant quelques coups d'essai ; les indications qui en résultent sont données aux compagnies.

50. Le commandant de chaque compagnie, à son arrivée sur le terrain, remet au chef de bataillon la situation de sa compagnie ; celui-ci la vérifie ou la fait vérifier en sa présence par l'officier de tir, qui prend note, sur son carnet, du total des tireurs.

51. La compagnie est fractionnée en sections ou en demi-sections, suivant son effectif.

52. La section ou la demi-section qui doit tirer est formée parallèlement à la ligne des cibles, et à cinq pas du point que doit occuper le tireur. Les soldats ont l'arme au pied.

53. Le tir des sous-officiers précède, dans chaque compagnie, celui des caporaux et des soldats.

54. Le capitaine fait placer un sergent auprès des tireurs.

55. Les dispositions préliminaires étant achevées l'officier de tir fait exécuter un roulement ou la sonnerie de *garde à vous* ; cet avertissement est

promptement suivi de la batterie ou de la sonnerie de *commencez le feu.*

56. L'homme de droite de la section se porte directement au point que doit occuper le tireur, charge son arme, tire de suite les balles qu'il doit tirer dans la même position, constate le résultat de son tir après chaque coup, se retire par la gauche, et va se placer, l'arme au pied, à cinq pas en arrière de la droite de la section.

L'homme du second rang de la première file remplace aussitôt celui du premier, se conforme à ce qui vient d'être indiqué, puis va se placer derrière son chef de file.

57. Le tir s'exécute ainsi homme par homme, avec ordre et sans précipitation ; pendant le tir du dernier homme de la section, le sergent reporte la section cinq pas en avant, et le tir recommence de la même manière, jusqu'à ce que chaque homme ait tiré le nombre de cartouches prescrit pour la séance.

58. Les officiers qui dirigent le feu évitent de se placer trop près du tireur ; ils ne lui font pas d'observations, pour ne pas distraire son attention. Si le tireur a mal appliqué les principes, on lui explique, après le coup, la faute qu'il a commise, et le capitaine le fait exercer à part, pendant quelques instants, par un sous-officier.

59. On profite des séances de tir à la cible pour rappeler aux sections qui attendent leur tour pour tirer, les notions générales qui font l'objet de l'article 1er.

OBSERVATION.

60. Lorsque des hommes ont manqué à des séances de tir, ils reprennent ces tirs en commençant par les distances les plus petites, et ne doivent jamais exécuter plus de deux tirs dans une séance.

Tir en tirailleurs.

61. Le tir en tirailleurs est exécuté, d'abord sur des cibles de cinquante centimètres de base représentant des hommes isolés, et ensuite sur des cibles d'un mètre figurant des groupes. Pour chaque tir, les cibles sont espacées d'une manière suffisante. Chacune d'elles forme le but du tir d'une escouade. On fait tirer plusieurs escouades à la fois, et toute la compagnie si cela est possible.

62. Les escouades sont déployées en tirailleurs, à environ 600 mètres de la butte, sans jamais la déborder; puis on les porte en avant, et lorsqu'elles son entrées dans la zone comprise entre 5 0 et 200 mètres, elles sont arrêtées plusieurs fois dans leur marche, soit en avant, soit en retraite; à chaque station, les hommes apprécient la distance sous la direction de leurs chefs d'escouades, et brûlent ensuite le nombre de cartouches déterminé à l'avance.

63. On brûle dans le premier tir la moitié des cartouches affectées au tir en tirailleurs, et l'autre moitié dans le second tir.

64. Les hommes prennent la position qui leur convient le mieux, et appuient leurs armes quand ils en trouvent l'occasion.

Tir à rangs serrés.

65. Le tir avec des cartouches sans balles est une préparation au tir réel à rangs serrés, et s'exécute dans les mêmes conditions et dans la même séance. Le tir à rangs serrés est exécuté à 400 mètres, en une seule séance; le peloton brûle dans les feux de peloton la moitié du nombre des cartouches allouées, et l'autre moitié dans les feux à volonté

66. Le capitataine fait commander un feu par le lieutenant et le sous-lieutenant, pour l'instruction de ces officiers.

Il fait exécuter le feu par le premier et le second rang, de manière à donner à tous les hommes une instruction égale.

67. Ce tir est fait par compagnie, et le capitaine veille à ce que tous les hommes soient présents.

68. La cible employée pour ce tir a quatre mètres de base.

OBSERVATIONS RELATIVES AUX TIRS EN TIRAILLEURS ET A RANGS SERRÉS.

69. Quand l'étendue du terrain de tir ne permet pas d'exécuter les tirs en tirailleurs et à

rangs serrés aux distances prescrites, ou lorsque ces tirs sont interdits par ordre, les cartouches qui leur sont affectées sont brûlées dans des tirs individuels, conformément aux instructions ministérielles.

70. Le tir à rangs serrés se fait à 200 mètres s'il est impossible de le faire à la distance prescrite; cette circonstance est notée sur les registres et sur le rapport annuel de tir.

DEUXIÈME PARTIE.

71. La deuxième partie est donnée à titre de renseignements. Elle ne doit pas faire l'objet de théories aux officiers et aux sous-officiers.

ARTICLE I.

MANIÈRE DE SIGNALER LES BALLES MISES DANS LA CIBLE, INSCRIPTION DES RÉSULTATS.

72. Un sous-officier ou un sapeur, placé dans un abri creusé au pied de la butte et couvert par un petit épaulement en terre damée, d'une épaisseur de 1 mètre au minimum, indique, à l'aide d'un fanion, les balles qui touchent la cible et le noir; il soulève le fanion et le laisse immobile un instant, lorsqu'il veut signaler une balle ayant touché la cible hors du cercle; il indique

que la balle touché le cercle noir, en soulevant le fanion et en l'agitant.

73. Il faut une grande attention de la part de l'observateur chargé de signaler les balles ayant touché la cible.

74. Toutes les fois qu'une balle touche la cible, le tambour donne un coup de baguette ou le clairon donne un coup de langue ; si la balle touche le cercle noir, le clairon sonne en plus un rigodon, et le tambour fait un roulement.

75. Quand il est nécessaire que l'observateur fasse interrompre le feu, il élève son fanion jusqu'à ce qu'on lui réponde par la batterie ou par la sonnerie de *cessez le feu*, suivie de celle de *levez-vous*. Réciproquement, à la batterie ou à la sonnerie de *cessez le feu*, l'observateur lève son fanion pour montrer qu'il a entendu ; après ce signal, on sonne *levez-vous*.

76. Par mesure de prudence, le feu doit cesser à la fois sur toute la ligne des cibles placées devant la même butte.

77. Le fourrier inscrit les balles mises par chaque tireur à mesure qu'elles sont signalées.

78. L'officier de tir relève séparément sur les cibles le nombre des balles mises par les sous-officiers, et le nombre de celles mises par les caporaux et les soldats, et en fait l'inscription sur son carnet. A l'aide de ces résultats, il vérifie et corrige les inscriptions du fourrier.

79. Le fourrier, après avoir rectifié, s'il y a

lieu, les erreurs qui auraient pu être faites dans l'inscription des balles mises, remet la situation à l'officier de tir.

Cet officier inscrit les résultats du tir sur les contrôles qu'il est chargé de tenir, et remet la situation au sergent-major, qui, après avoir mis son registre à jour, la remet au capitaine de tir.

80. Il est bon, pour que le tireur puisse facilement corriger son tir, de lui indiquer le point précis où chaque balle a touché la cible ; si le temps qu'on peut consacrer à l'étude du tir et les dispositions du polygone le permettent, on peut, dans le but de perfectionner ce tir, employer la méthode suivante :

81. L'observateur est muni d'une palette noire, fixée à l'extrémité d'une hampe en bois suffisamment longue (3 mètres environ) ; cette palette porte un tampon destiné à boucher les trous à l'aide d'une rondelle de papier.

A mesure qu'une balle vient frapper la cible, le marqueur, muni de la palette, de colle et de rondelles de papier découpées à l'avance, en fixe une sur le tampon avec un peu de colle et l'applique sur le trou : dans cette opération, la position de la palette indique le point où la balle à porté (1).

(1) On peut aussi faire usage d'une palette sans tampon : dans ce cas, afin d'éviter les erreurs, on arrête le tir, pour réparerles cibles, aussi souvent que cela est nécessaire.

On ne fait usage de cette méthode, appelée à produire les meilleurs résultats en formant d'excellents tireurs, qu'aux petites distances, jusqu'à 400 mètres au plus.

82. Les marqueurs sont placés dans une tranchée à talus verticaux, creusée dans le sol à 1 mètre environ du pied des cibles.

83. Dans les tirs en tirailleurs, lorsque le tir est terminé pour une fraction de compagnie ou une compagnie entière, le commandant de la ligne des tirailleurs rassemble les escouades chacune en face de sa cible ; l'officier instructeur de tir relève les résultats, et le clairon les signale aux escouades par un coup de langue traînant pour chaque dizaine, et un coup de langue bref pour chaque balle en sus des dizaines. Toutes les fois qu'on peut le faire sans occasionner une perte de temps, les escouades sont conduites à la butte pour qu'elles puissent constater elles-mêmes les résultats qu'elles ont obtenus.

84. L'officier de tir mesure et note les distances auxquelles les feux en tirailleurs ont été exécutés, et en fait mention sur les registres de tir.

85. Dans le tir à rangs serrés, à volonté et à commandement, après chaque espèce de feu, l'officier de tir compte les balles mises et fait réparer les cibles.

86. Les balles mises sont signalées à la compagnie par une sonnerie, comme il vient d'être indiqué.

87. Le fourrier fait la somme, et porte sur la situation le total des balles mises par espèce de feux.

ARTICLE II.

FORMATION DES CLASSES DE TIREURS.

88. A la fin de l'instruction, le colonel prescrit la date à laquelle les tirs individuels doivent être arrêtés. On totalise alors les balles mises par chacun des tireurs du régiment.

89. Les tireurs sont classés en trois classes, conformément aux instructions ministérielles.

90. Les hommes qui ont manqué à une ou plusieurs séances de tir n'en sont pas moins classés d'après le total de leurs balles mises.

91. Les hommes qui n'ont exécuté aucun tir, ceux de la compagnie hors rang, excepté les sapeurs, et les hommes de la réserve, ne sont pas classés.

92. L'état de classement reste attaché dans chaque compagnie jusqu'au classement suivant.

93. A partir de l'époque où le classement est arrêté, les tireurs de la troisième classe assistent à des exercices préparatoires de tir supplémentaires, dont les tireurs des deux premières classes sont dispensés.

ARTICLE III.

RÉCOMPENSES DÉCERNÉES AUX MEILLEURS TIREURS.

94. Les récompenses sont données d'après les

résultats des tirs de l'année et d'après ceux du concours qui clôt les exercices annuels.

95. Les prix des tirs de l'année consistent dans le port d'un cor de chasse sur le bras gauche; le cor de chasse est brodé en or pour les sous-officiers, il est en drap jonquille pour les caporaux et les soldats.

96. Dans chaque corps il est accordé aux sous-officiers un nombre de prix égal à la moitié du nombre des compagnies, et aux caporaux et soldats un nombre de prix égal à quatre fois le nombre de ces compagnies. La compagnie ou la section hors rang est comptée pour une compagnie, et si le nombre total des compagnies est impair, la fraction donne droit à un prix de plus pour les sous-officiers.

Ces insignes sont accordés, dans chaque corps, aux meilleurs tireurs pris exclusivement dans la 1ᵣₑ classe et sans distinction de compagnie.

97. Les sous-officiers d'une part, les caporaux et les soldats de l'autre, sont classés d'après le nombre de balles que chacun d'eux a mises dans la cible pendant l'année; les cas d'égalité sont tranchés par autant de tirs supplémentaires d'une balle qu'il est nécessaire pour classer définitivement le nombre des candidats de chaque catégorie.

98. L'état des tireurs ayant mérité le cor de

chasse et celui des tireurs admis au concours sont établis dès que le tir individuel est terminé, et ces récompenses sont données en présence de l'inspecteur général.

99. Les livrets des militaires venus d'autres corps servent à établir leurs droits à porter le cor de chasse pour l'année courante.

100. Le droit de porter le cor de chasse n'est accordé que pour une année; cependant, lorsqu'un tireur a obtenu deux fois cet insigne, il le conserve jusqu'à sa première libération. Les cors de chasse ainsi mérités ne sont pas compris dans le nombre fixé ci-dessus.

101. Dans le courant de l'année, les chefs de corps, à la suite de chaque séance de tir à la cible, peuvent accorder, pendant un nombre de jours déterminé, des permissions de 11 heures aux sous-officiers et de 10 heures aux caporaux et soldats qui se sont signalés par leur adresse dans le tir.

Prix de tir donnés au concours.

102. Dans chaque corps il est accordé un nombre de prix égal à la moitié du nombre des compagnies. La compagnie ou la section hors rang est comptée pour une compagnie, et si le nombre total des compagnies est impair, la fraction donne droit à un prix de plus.

103. Chaque prix consiste en une épinglette à

grenade et à chaîne d'argent ; le 1er prix se distingue des autres par une grenade dorée.

104. Sont admis à concourir ensemble : tous les tireurs, sous-officiers, caporaux et soldats qui ont mérité la marque honorifique du cor de chasse dans le classement de l'année.

105. Le tir de concours est dirigé par le capitaine instructeur de tir, sous la présidence du lieutenant-colonel.

106. Le sort décide de l'ordre suivant lequel les concurrents doivent tirer.

107. Le but est le centre d'un panneau circulaire de 1 mètre de rayon, placé à 200 mètres du tireur ; au centre du panneau se place un cercle noir de 20 centimètres de diamètre.

108. Chaque concurrent tire de suite 6 balles ; il peut être accordé 3 balles d'essai aux tireurs qui le demandent.

109. Lorsqu'un concurrent a tiré ses 6 balles, on mesure les écarts de celles qui ont touché le panneau. Le capitaine instructeur de tir veille à ce que l'on prenne très exactement cette mesure ; on note et on additionne les écarts, exprimés en millimètres.

110. Lorsque les écarts des balles d'un tireur sont mesurées, on bouche les trous du panneau.

111. On considère comme ayant manqué le panneau les balles qui le touchent par ricochet.

112. Les prix sont donnés aux tireurs qui ont

obtenu les plus petites sommes d'écarts sur
6 balles ayant touché le but.

113. Les tireurs qui ont manqué une fois le
panneau n'ont des droits aux prix que dans le
cas où ceux qui l'ont touché six fois sont moins
nombreux que les prix. Il en est de même des
tireurs qui ont manqué deux fois, par rapport à
ceux qui n'ont manqué qu'une fois. Dans chacune
de ces divisions de tireurs, les plus petites
sommes d'écarts emportent les prix.

114. Si plusieurs concurrents ont obtenu les
mêmes sommes d'écarts, ils tirent chacun une
septième balle, et ainsi de suite, jusqu'à ce que
l'on puisse trancher la question par la différence
des écarts.

115. Les concurrents prennent dans le tir
la position qui leur convient. Ils ne portent pas
le sac

116. Le tir doit avoir lieu, autant que possible,
dans la même séance pour tous les concurrents.

117. Si, pendant une des séances, le temps
éprouve des variations telles que les tireurs,
appelés à faire feu les derniers aient un désa-
vantage marqué sur les premiers, la séance est
suspendue et reprise en temps opportun.

118. Le pied du panneau circulaire servant de
but doit être élevé de 50 centimètres au moins
au-dessus du terrain horizontal, afin que l'on
puisse constater facilement les ricochets. Dans
un polygone, on place ce panneau à 1 mètre au-

dessus du pied du talus de la butte. Dans les localités où l'on n'a point de butte, on place le pied du panneau sur un petit tertre de 0 m. 50 de hauteur.

119. On mesure les écarts au moyen d'une règle graduée en millimètres, sur une longueur de 1 mètre.

120. Les compagnies détachées prennent part au concours. Le capitaine instructeur de tir assiste au concours de toutes les compagnies du régiment, fait mesurer la distance et vérifie les cordeaux et les règles, afin que les conditions soient les mêmes pour tout le régiment.

OBSERVATION.

121. La composition et la description du matériel de tir, les modèles des registres et des situations de tir, les tableaux pour la formation des classes de tireurs, et les instructions générales pour la tenue de la comptabilité du tir, sont insérés au *Journal militaire*.

TITRE CINQUIÈME
École des Tirailleurs

RÈGLES GÉNÉRALES ET DIVISION DE L'ÉCOLE DES TIRAIL-
LEURS.

1. Cette école a pour objet d'enseigner à un peloton à manœuvrer en tirailleurs.

2. Les mouvements d'une troupe en tirailleurs ne doivent pas s'exécuter avec le même ensemble que ceux d'une troupe à rangs serrés; ils sont soumis à des règles générales qui donnent à celui qui la commande les moyens de la diriger selon ses vues, et de la porter dans toutes les directions avec la plus grande promptitude. Les mouvements en tirailleurs se font au pas accéléré. On ne fait usage du pas gymnastique que dans les cas exceptionnels.

3. Les tirailleurs portent l'arme de la manière la plus commode.

4. Les commandements se font le plus souvent à la voix, et sont répétés par les officiers, les sous-officiers et, au besoin, par les caporaux. On n'a recours à des sonneries que dans le cas d'absolue nécessité.

5. Une ligne de tirailleurs a toujours un soutien, qui doit se tenir à portée de l'appuyer, tout en profitant des accidents du terrain pour se masquer à la vue de l'ennemi et s'abriter de ses feux.

6. L'école des tirailleurs est divisée en quatre parties, et chaque partie en articles, ainsi qu'il suit :

PREMIÈRE PARTIE.

Article I. — Déployer un peloton en tirailleurs, en avant et par le flanc (nᵒˢ 7 à 50).
— II. — Ouvrir et resserrer les intervalles (nᵒˢ 51 à 53).
— III. — Relever une ligne de tirailleurs (nᵒˢ 54 et 55).
— IV. — Renforcer une ligne de tirailleurs (nᵒˢ 56 à 59).

DEUXIÈME PARTIE.

Article I. — Marcher en avant, en retraite et par le flanc (nᵒˢ 60 à 78).
— II. — Changer de direction par le front de la ligne et par file (nᵒˢ 79 à 85).

TROISIÈME PARTIE.

Article I. — Feu de position (nᵒˢ 86 à 93).
— II. — Feu en avançant (nᵒˢ 94 à 97).
— III. — Feu en retraite (nᵒˢ 98 à 102).
— IV. — Feu par le flanc (nᵒˢ 103 et 104).

QUATRIÈME PARTIE.

Article I. — Ralliement (nᵒˢ 105 à 119).
— II. — Rassemblement (nᵒˢ 120 à 124).

PREMIÈRE PARTIE.

ARTICLE I.

DÉPLOYER UN PELOTON EN TIRAILLEURS, EN AVANT ET PAR LE FLANC.

7. Le peloton est déployé en tirailleurs par groupes formés chacun d'une escouade.

8. On déploie une ou plusieurs escouades, et les escouades non déployées servent de soutien à la ligne des tirailleurs.

9. Le capitaine, les officiers de section et les sergents marchent avec les tirailleurs lorsque la moitié de la troupe à laquelle ils commandent est déployée, et même avec une fraction moindre, si le capitaine le juge convenable.

10. Le capitaine a auprès de lui un clairon et quatre hommes qu'il choisit dans le peloton, et les officiers de section deux hommes qu'ils choisissent dans leurs sections.

11. Le sergent-major et le fourrier se tiennent avec le capitaine pour aider à la transmission de ses ordres, s'ils ne sont employés au commandement d'une fraction constituée.

12. En tirailleurs, le capitaine, les officiers de section et les sergents n'ont point de place fixe; ils choisissent celle qui convient le mieux pour exercer leur commandement.

13. Lorsque le capitaine veut déployer une fraction de peloton en tirailleurs, il indique les escouades à déployer, et donne ses instructions aux tirailleurs et au soutien.

14. Le peloton est déployé en tirailleurs *en avant* lorsqu'il est en arrière de la ligne sur laquelle il doit être établi, et *par le flanc* lorsqu'il se trouve déjà sur cette ligne.

DÉPLOYER EN AVANT.

15. Le peloton étant de pied ferme, si le capitaine veut déployer une escouade en avant, il en donne l'ordre au sergent de la demi-section, qui commande :

1. *(Telle) escouade en avant.*

2. MARCHE.

16. Au premier commandement, le caporal se porte devant le centre de son escouade ; le sergent lui indique le point sur lequel il doit se diriger.

17. Au commandement de *marche*, l'escouade, conduite par le caporal, se dirige sur le point indiqué.

18. Lorsque le sergent juge convenable de déployer l'escouade, il commande :

3. EN TIRAILLEURS.

19. Le caporal commande aussitôt : *A (tant de) pas*, et le déploiement de l'escouade se fait sur la file du centre qui continue de marcher droit devant elle, dirigée par le caporal ; les autres files gagnent à droite et à gauche, en marchant, l'espace indiqué ; dès que chaque file a sa distance, l'homme du second rang se place à la gauche de son chef de file.

20. L'escouade se déploie habituellement sur la file du centre ; mais s'il est avantageux qu'elle

se déploie sur la file de droite (ou de gauche), le caporal en prévient son escouade.

21. Le caporal se règle sur la nature du terrain et sur l'étendue à couvrir pour fixer le nombre de pas qui doit séparer les files; mais cette fixation n'a rien d'absolu, et des files peuvent être plus groupées ou plus dispersées s'il y a avantage.

22. L'escouade étant arrivée sur la ligne qu'elle doit occuper, le sergent l'arrête par le commandement de :

4. *Tirailleurs* = HALTE.

23. A ce commandement, les hommes choisissent, soit sur la ligne, soit en avant ou en arrière, les positions les plus favorables pour bien découvrir le terrain du côté de l'ennemi, sans s'astreindre à conserver leurs intervalles, mais en observant de ne pas se gêner mutuellement. Ils occupent de préférence les abris qui peuvent arrêter les projectiles, et utilisent les formes de terrain qui suffisent à abriter un homme couché ; ils profitent aussi, pour s'embusquer, des broussailles, haies, moissons ou herbes assez hautes pour dérober des tirailleurs à la vue de l'ennemi. Le sergent et le caporal guident les hommes dans le choix de leurs positions. Le caporal se place ensuite vers le centre de son escouade.

24. Dès que le mouvement commence, le chef du soutien fait prendre à sa troupe la formation qui lui paraît la plus avantageuse, et se porte par le chemin le plus sûr au point qu'il doit occuper; il abrite le soutien le mieux qu'il peut, et fait, au besoin, coucher les hommes.

25. A l'instruction, le capitaine fait déployer isolément chaque escouade comme il vient d'être expliqué. Il ne doit pas perdre de vue que l'instruction individuelle des tirailleurs est de la plus grande importance, et il ne néglige rien pour la développer. Il fait contracter au soldat l'habitude de juger rapidement des facilités que peut lui offrir un terrain pour combattre, s'abriter, et se porter d'un point à un autre en se dérobant, autant que possible, à la vue et aux coups de l'ennemi. Le capitaine choisit un terrain favorable pour donner cette instruction, et afin de la rendre plus pratique, il fait représenter l'ennemi par quelques hommes. Il s'attache à faire comprendre que, dans le service des tirailleurs, l'homme, tout en agissant isolément, ne doit jamais échapper à la direction de ses chefs.

26. Lorsque le capitaine veut déployer la première section en avant, et conserver la seconde en soutien, il commande :

 1. *Première section en avant.*
 2. *Sur (telle) escouade, à (tant de) pas.*
 3. MARCHE.

27. Au deuxième commandement, les caporaux de la première section se portent devant le centre de leurs escouades; le sergent dont relève l'escouade, base du mouvement, se porte à cette escouade pour la conduire, et le capitaine lui indique la direction.

28. Au commandement de *marche,* l'escouade base du mouvement suit la direction donnée, et les autres gagnent à droite ou à gauche, en marchant l'espace indiqué, puis elles se redressent,

et règlent leur marche sur l'escouade de direction.

29. Lorsque le capitaine veut faire déployer les escouades, il commande :

4. EN TIRAILLEURS.

30. A ce commandement, chaque caporal fait déployer son escouade comme il est prescrit n° 19.

31. Les officiers de section ou les sergents peuvent momentanément faire déployer en tirailleurs les escouades de leurs subdivisions avant le commandement du capitaine, s'ils le jugent nécessaire, sauf à les reformer aussitôt que les circonstances le permettent.

32. Lorsque la section est arrivée sur la position qu'elle doit occuper, le capitaine l'arrête par le commandement de :

5. *Tirailleurs* = HALTE.

33. A ce commandement, la ligne s'arrête ; les officiers et les sous-officiers se portent sur la ligne, s'assurent que leurs subdivisions occupent la position la plus favorable pour combattre, et que les hommes se sont conformés aux prescriptions du n° 23.

34. Si le peloton est en marche, la section qui est portée en tirailleurs accélère le pas, ou prend le pas gymnastique si c'est nécessaire.

35. Dès que le mouvement commence, le chef du soutien se conforme aux prescriptions du n° 24.

36. Lorsque la ligne marche déployée par escouade, si le capitaine veut l'arrêter sans dé-

ployer les escouades en tirailleurs, il commande : *Tirailleurs*=HALTE, et les escouades s'arrêtent en restant groupées jusqu'au commandement de *en tirailleurs*.

37. Si, au contraire, le capitaine veut que les escouades se déploient en tirailleurs aussitôt que le mouvement commence, il commande :

1. *Première section en tirailleurs.*
2. *Sur (telle) escouade, à (tant de) pas.*
3. MARCHE.

38. Le mouvement s'exécute d'après les principes prescrits nᵒˢ 27 et suivants. L'escouade base du mouvement se déploie en marchant, les autres prennent le pas gymnastique et se déploient dès qu'elles le peuvent.

39. Lorsque le capitaine doit déployer une section en tirailleurs, si le point sur lequel il doit l'établir est éloigné, il la porte en avant dans la formation la plus avantageuse pour la marche, et ne la déploie par escouade qu'au moment où il y a utilité à le faire. Il conserve de même les escouades groupées tant qu'il n'est pas nécessaire de les déployer en tirailleurs.

40. L'intervalle entre deux escouades se compte d'un chef d'escouade à l'autre. Sa fixation n'a rien d'absolu; elle est faite en vue d'occuper le terrain à couvrir, et d'empêcher les escouades de se gêner entre elles. Les officiers de section peuvent modifier les intervalles, chaque fois qu'il y a avantage à le faire, pour mieux user des accidents du terrain.

DÉPLOYER PAR LE FLANC.

41. Le peloton étant de pied ferme, lorsque le

capitaine veut faire déployer la seconde section par le flanc droit et conserver la première en soutien, il commande :

1. *Seconde section par le flanc droit.*
2. *A (tant de) pas.*
3. MARCHE.

42. Au premier commandement, le chef du soutien lui fait faire demi-tour, et le porte sur le point qu'il doit occuper.

43. Au deuxième commandement, les caporaux de la seconde section se placent devant le centre de leurs escouades ; celles-ci font à droite sans doubler, à l'exception de la huitième, qui ne bouge pas ; le sergent dont relève l'escouade de tête se porte à cette escouade pour la diriger.

44. Au commandement de *marche*, les escouades qui ont fait à droite se mettent en marche, et à mesure que chacune d'elles a son intervalle, le caporal l'arrête et elle fait face à l'ennemi.

45. Lorsque le capitaine veut faire déployer les escouades, il commande :

4. EN TIRAILLEURS.

46. A ce commandement, chaque caporal fait déployer son escouade par le commandement prescrit n° 19 ; les hommes se déploient et se conforment aux prescriptions du n° 23.

47. Le capitaine peut prescrire que les escouades se déploient successivement à mesure que le terrain qu'elles doivent occuper est libre.

48. L'officier de section et les sergents surveillent le mouvement de leurs subdivisions.

49. On déploie par le *flanc gauche* d'après les mêmes principes et par les mêmes commande-

ments, en substituant l'indication de *gauche* à celle de *droite*.

50. Si le capitaine veut déployer la section sur une escouade du centre, le mouvement s'exécute d'après les mêmes principes et par les commandements suivants :

> 1. *Seconde section, par le flanc droit et le flanc gauche.*
> 2. *Sur (telle) escouade, à (tant de) pas.*
> 3. Marche.

ARTICLE II.

OUVRIR ET RESSERRER LES INTERVALLES.

51. Si le capitaine veut faire ouvrir ou resserrer les intervalles d'une ligne de tirailleurs, il commande :

> *Sur (telle) escouade, à (tant de) pas, ouvrez (ou serrez) vos intervalles.*

52. Si la ligne est de pied ferme, le caporal de l'escouade base du mouvement fait ouvrir ou resserrer les intervalles entre les hommes de son escouade ; les autres caporaux font faire par le flanc à leurs escouades, et leur font ouvrir ou resserrer leurs intervalles à la distance indiquée ; à mesure que chaque escouade arrive sur sa nouvelle position, les hommes se conforment aux prescriptions du n° 23, en se maintenant sur le terrain que doit occuper l'escouade.

53. Si la ligne des tirailleurs est en marche, les escouades ouvrent ou resserrent leurs intervalles en gagnant obliquement du terrain à droite ou à gauche, et dans chaque escouade les hommes ouvrent ou resserrent en même temps leurs intervalles.

ARTICLE III.

RELEVER UNE LIGNE DE TIRAILLEURS.

54. Lorsqu'une ligne de tirailleurs doit être relevée, les nouvelles escouades sont déployées de manière à avoir achevé leur mouvement en arrière de cette ligne, puis elles remplacent les anciennes escouades dans leurs positions; celles-ci se dirigent ensuite sur l'emplacement du soutien, en ayant soin de ne se grouper que lorsqu'elles ne sont plus exposées aux coups de l'ennemi.

55. Si les tirailleurs qu'on doit relever marchent en retraite, ceux qui sont chargés de les remplacer se déploient par le flanc, comme il est prescrit nᵒˢ 43 et suivants; prennent position, et se laissent dépasser par les anciens tirailleurs, qui se dirigent sur le soutien.

ATICLE IV.

RENFORCER UNE LIGNE DE TIRAILLEURS.

56. Pour renforcer une ligne de tirailleurs aux prises avec l'ennemi, on fait déployer, en marchant, les escouades de renfort, et on fait loger les nouveaux tirailleurs, soit dans les intervalles qui existent sur la ligne, soit derrière les abris déjà occupés par les premiers, côte à côte avec eux, suivant que le terrain s'y prête. Les nouveaux tirailleurs se trouvent ainsi mêlés avec les anciens, et profitent des observations de ceux-ci sur la position de l'ennemi.

57. Dès que les circonstances le permettent, les officiers, ainsi que les sous-officiers et les ca-

poraux, s'occupent de réunir les hommes par escouade. Le chef de la ligne peut ensuite faire placer les escouades dans leur ordre normal.

58. Si la ligne n'est pas aux prises avec l'ennemi, et qu'on veuille la renforcer, on fait resserrer les intervalles des escouades, et on déploie les escouades de renfort à leur droite ou à leur gauche.

59. L'opération de renforcer une ligne de tirailleurs, si importante et si fréquente à la guerre, doit être souvent répétée à l'instruction.

———

DEUXIÈME PARTIE.

ARTICLE I.

MARCHER EN AVANT, EN RETRAITE ET PAR LE FLANC.

60. Dans la marche en avant, en retraite et par le flanc, le soutien conforme ses mouvements à ceux de la ligne, de manière à être prêt à seconder ses opérations, en observant les prescriptions du n° 24.

MARCHER EN AVANT.

61. Lorsqu'une ligne de tirailleurs marche en avant, elle règle sa marche sur l'escouade de direction, qui est prise habituellement au centre de la ligne.

62. Le chef de la ligne voulant la porter en avant, commande :

1. (*Telle*) *escouade de direction, tirailleurs en avant.*
2. MARCHE.

63. Au premier commandement, le sergent, dont relève l'escouade de direction, se porte à cette escouade pour la conduire ; les caporaux se placent devant leurs escouades.

64. Au commandement de *marche*, la ligne se met en marche, et les caporaux ont soin de conserver leurs intervalles.

65. Pendant la marche, les officiers de section peuvent modifier les intervalles des escouades, et même reformer momentanément des escouades ou des subdivisions toutes les fois qu'il y a avantage à le faire Les hommes mettent à profit les obstacles naturels pour s'abriter des vues et des coups de l'ennemi ; ils évitent, autant que possible, les endroits découverts, les traversent rapidement en se baissant quand ils ne peuvent les éviter, ne se portent qu'avec précaution sur les collines, et fouillent avec soin les lieux qui se prêtent aux embuscades.

66. Lorsque le chef de la ligne des tirailleurs veut l'arrêter, il commande :

3. *Tirailleurs* = HALTE.

67. A ce commandement la ligne s'arrête, et chacun se conforme, pour prendre position, aux prescriptions du n° 23.

MARCHER EN RETRAITE.

68. Le chef de la ligne des tirailleurs, voulant la faire marcher en retraite, commande :

1. *(Telle) escouade de direction, tirailleurs en retraite.*
2. MARCHE.

69. Au premier commandement, les tirailleurs

font demi-tour, le sergent et les caporaux se conforment aux prescriptions du n° 63.

70. Au commandement de *marche*, la ligne se met en marche, et chacun se conforme aux prescriptions des n°ˢ 64 et 65.

71. Lorsque le chef de la ligne veut l'arrêter, il commande :

    3. *Tirailleurs* = HALTE.

72. A ce commandement, les tirailleurs s'arrêtent, font face du côté de l'ennemi, et se conforment aux prescriptions du n° 23.

MARCHER PAR LE FLANC.

73. Le chef de la ligne des tirailleurs, voulant la faire marcher vers la droite ou vers la gauche, commande :

    1. *Tirailleurs par le flanc droit* (ou *gauche*).

    2. MARCHE.

74. Au premier commandement, le sous-officier dont relève l'escouade de tête se porte à cette escouade pour la diriger, et les tirailleurs font à droite.

75. Au commandement de *marche*, les tirailleurs se mettent en marche, les escouades suivent les traces de l'escouade de tête, et continuent à occuper la même étendue de terrain. Les officiers, ainsi que les sous-officiers et les caporaux, y veillent.

76. La ligne des tirailleurs est arrêtée par le commandement de :

    3. *Tirailleurs* = HALTE.

77 A ce commandement. les tirailleurs s'arrêtent, font face du côté de l'ennemi, et se conforment aux prescriptions du n° 23.

78. A l'instruction, le capitaine fait exercer chaque escouade isolément à la marche sur des terrains variés, en faisant représenter l'ennemi par quelques hommes.

ARTICLE II.

CHANGER DE DIRECTION PAR LE FRONT DE LA LIGNE.

79. Une ligne de tirailleurs étant de pied ferme, lorsque le chef de la ligne veut faire changer de direction à droite, il commande:

1. *Changement de direction à droite.*
2. MARCHE.

80. Au commandement de *marche*, l'escouade de droite, base du mouvement, se place immédiatement dans la nouvelle direction qui lui est donnée par le chef de la ligne; les autres escouades se conforment isolément à ce mouvement, en prenant une allure accélérée ou le pas gymnastique, et s'arrêtent lorsqu'elles arrivent à hauteur de l'escouade de base.

81. Si la ligne des tirailleurs est en marche, le changement de direction à droite s'exécute d'après les mêmes principes et par les mêmes commandements. L'escouade de base se met dans la nouvelle direction, et continue à marcher droit devant elle; les autres escouades se conforment à son mouvement, en accélérant l'allure ou en prenant le pas gymnastique, et reprennent le pas accéléré lorsqu'elles arrivent à hauteur de l'escouade de base.

82. On change de direction *à gauche* d'après les mêmes principes.

83. Une ligne de tirailleurs en retraite change de direction d'après les mêmes principes et par les mêmes commandements qu'une ligne marchant en avant. Lorsque les escouades s'arrêtent, les tirailleurs font face du côté de l'ennemi, et se conforment aux prescriptions du n° 23.

84. Les changements de direction n'ont lieu le plus souvent que sous un angle très aigu. Mais si, dans les changements de direction en marchant, l'ouverture de l'angle l'exige; le chef de la ligne fait arrêter l'escouade de base dès qu'elle est dans la nouvelle direction, les autres escouades s'arrêtent à sa hauteur, et le chef de la ligne fait ensuite reprendre la marche.

CHANGER DE DIRECTION PAR FILE.

85. La ligne des tirailleurs marchant par le flanc, lorsque le chef de la ligne veut faire changer de direction à droite (ou à gauche), il commande :

1. *Par file à droite* (ou *à gauche*).
2. MARCHE.

TROISIÈME PARTIE.

ARTICLE I.

FEU DE POSITION.

86. La ligne des tirailleurs étant en position comme il est prescrit n° 23, les officiers, ainsi

que les sous-officiers et les caporaux, cherchent à se rendre compte rapidement de la distance qui les sépare de l'ennemi.

87. Le chef de la ligne des tirailleurs, voulant faire ouvrir le feu, commande :

1. A (*tant de*) *mètres*.
2. COMMENCEZ LE FEU.

88. Les caporaux veillent à ce que les hommes prennent la hausse indiquée, et les tirailleurs qui aperçoivent distinctement l'ennemi font feu, sans se presser.

89. Si toutes les escouades ne doivent pas tirer à la même distance, le chef de la ligne se borne à commander : COMMENCEZ LE FEU, et les sous-officiers répètent le commandement, en le faisant précéder de l'indication de la distance à laquelle leurs escouades doivent tirer.

90. Lorsqu'il n'est pas nécessaire de faire tirer tous les tirailleurs, le commandant de la ligne indique le nombre d'hommes, par escouade, qui doivent tirer. Les caporaux les désignent parmi les plus adroits.

91. Les officiers, ainsi que les sous-officiers et les caporaux, règlent l'intensité du feu selon les circonstances, et veillent à ce que les hommes modifient la hausse chaque fois qu'il est nécessaire.

92. Le chef de la ligne, voulant faire cesser le feu, commande :

CESSEZ LE FEU.

ARTICLE II.

FEU EN AVANÇANT.

94 La ligne des tirailleurs étant en marche, le feu en avançant s'exécute aux commandements de 1. *A (tant de) mètres*. 2. COMMENCEZ LE FEU, ou de COMMENCEZ LE FEU ; les tirailleurs s'arrêtent, prennent position, brûlent une ou plusieurs cartouches, selon les circonstances ; puis, au commandement de *en avant*, fait par le chef de la ligne, ils gagnent rapidement du terrain en s'exposant le moins possible au feu et aux vues de l'ennemi, s'arrêtent de nouveau au commandement de *halte* fait par le chef de la ligne, prennent position et continuent le feu sans commandement. La marche en avant et l'exécution du feu continuent ainsi, de telle sorte que le feu en avançant n'est autre chose qu'un feu exécuté de position en position.

95. Si les tirailleurs sont de pied ferme et exécutent le feu de position, lorsque le chef veut les porter en avant il commande : *Tirailleurs en avant*=MARCHE, et le feu continue comme il est prescrit n° 94.

96. Le chef de la ligne fait cesser le feu par le commandement de *cessez le feu* ; les tirailleurs cessent de tirer et continuent la marche en avant.

97. Afin de mieux user des accidents du terrain, le chef de la ligne peut faire exécuter le feu en portant la ligne en avant par sa droite, sa gauche ou son centre.

ARTICLE III.

FEU EN RETRAITE.

98. La ligne marchant en retraite, au comman-

dement de : 1. A (*tant de*) *mètres.* 2. COMMENCEZ LE FEU, ou de COMMENCEZ LE FEU, les tirailleurs prennent position, brûlent une ou plusieurs cartouches, selon les circonstances, puis au commandement de *en retraite,* fait par le chef de la ligne, ils gagnent une autre position en arrière, y sont arrêtés par le commandement de *halte* fait par le chef de la ligne, et le feu en retraite continue ainsi, de telle sorte qu'il n'est autre chose qu'un feu exécuté de position en position.

99. Le chef de la ligne fait cesser le feu par le commandement de *cessez le feu;* les tirailleurs cessent le feu et continuent à marcher en retraite.

100. Si la ligne doit se porter en retraite par échelon, le chef de la ligne la fractionne en deux échelons, et commande :

RETRAITE EN ÉCHELON PAR LA DROITE (OU PAR LA GAUCHE).

101. A ce commandement, l'échelon de droite se porte en retraite, et va occuper la position qu'indique le chef de la ligne; l'échelon de gauche continue le feu, et dès que l'échelon de droite est établi, il cesse le feu au commandement de *en retraite* que fait l'officier ou le sous-officier qui le commande, se porte en arrière, dépasse l'échelon de droite, et prend à son tour position. L'échelon de droite reprend alors le feu aussitôt qu'il peut le faire sans danger pour l'échelon de gauche, et le feu en retraite continue ainsi, échelon par échelon, jusqu'à ce que le chef des tirailleurs juge à propos de le faire cesser et de reformer la ligne.

102. Dans la retraite par échelon, le chef de

la ligne des tirailleurs a le plus grand soin de donner de bonnes directions aux échelons, afin qu'ils ne se gênent pas dans leurs mouvements, et veille à ce que chaque échelon démasque promptement, en se retirant, l'échelon en arrière, et qu'entre les positions successives des échelons, il y ait des distances suffisamment grandes.

ARTICLE IV.

FEU PAR LE FLANC.

103. Si les tirailleurs, marchant par le flanc, doivent ouvrir le feu sans cesser de marcher, les hommes se portent en dehors de la chaîne des tirailleurs, s'arrêtent pour tirer en s'embusquant s'il est possible, puis rejoignent leur escouade après avoir fait feu.

OBSERVATION.

104. A l'instruction, on fait toujours représenter l'ennemi par quelques hommes que l'on fait marcher et s'embusquer, afin que les tirailleurs s'habituent à ne jamais tirer sans viser un point, à prendre la hausse convenable, et à ne faire partir le coup que lorsqu'ils aperçoivent distinctement l'ennemi.

QUATRIÈME PARTIE.

ARTICLE I.

RALLIEMENT.

105. La ligne étant de pied ferme, si le chef veut la rallier par escouade, il commande :

RALLIEMENT PAR ESCOUADE.

106. A ce commandement, chaque caporal se place sur le point le plus favorable pour le ralliement de son escouade, et tous les hommes viennent se grouper autour de lui de la manière la plus avantageuse, en utilisant les obstacles du terrain, et en ayant attention de ne pas tirer sur les escouades voisines. Les officiers et les sous-officiers se portent à celles de leurs escouades où ils jugent que leur présence est le plus nécessaire.

107. Lorsque le chef de la ligne veut la reformer, il commande :

EN TIRAILLEURS.

108. Ce mouvement s'exécute comme il est prescrit nº 19.

109. Si le chef de la ligne veut la rallier par demi-section, il commande :

RALLIEMENT PAR DEMI-SECTION.

110. A ce commandement, chaque caporal rallie son escouade : le chef de la demi-section se porte sur le point où doit se faire le ralliement, les caporaux s'y dirigent avec leurs escouades et les forment, en arrivant, en demi-cercle. Les officiers se portent à la demi-section où leur présence leur paraît le plus utile.

111. Si le chef de la ligne veut la rallier par section, il commande :

RALLIEMENT PAR SECTION.

112. A ce commandement, le chef de la ligne se porte rapidement sur le point qu'il choisit pour le ralliement, chaque caporal rallie son escouade et la dirige sur le point indiqué. Le chef de la ligne dispose les escouades à mesure

qu'elles arrivent, de manière à former un demi-cercle.

113. Dans chacun de ces ralliements, le soutien se porte sur la ligne des tirailleurs pour l'appuyer, ou prend position sur son emplacement.

114. Si le chef de la ligne veut la rallier sur le soutien, il commande :

RALLIEMENT SUR LE SOUTIEN.

115. A ce commandement, les tirailleurs se rallient par escouade s'ils ne le sont déjà, en se dirigeant sur le soutien, qu'ils évitent de masquer. Le soutien se forme en bataille, et les escouades se rallient sur ses flancs, de manière à former un demi-cercle.

116. La ligne des tirailleurs étant ralliée par demi-section, par section ou sur le soutien, si le chef de la ligne veut la déployer en tirailleurs, il fait les commandements prescrits n° 37.

117. Si la ligne des tirailleurs est en marche, elle s'arrête, et exécute les ralliements d'après les mêmes principes. Elle peut aussi se rallier par escouade, par demi-section ou par section, sans cesser de marcher. Dans ce cas, les fractions prennent, en se ralliant, la formation la plus avantageuse pour la marche.

118. A l'instruction, une ligne de tirailleurs est souvent exercée à se rallier ainsi, et à se déployer promptement en tirailleurs, sans cesser de marcher.

119. Les ralliements doivent se faire toujours avec le plus grand calme, sans cesser d'opposer une résistance à l'ennemi, et, le plus habituellement, sans courir. En se ralliant, les tirailleurs

ne mettent la baïonnette au canon que s'ils le jugent utile à leur défense.

ARTICLE II.

RASSEMBLEMENT.

120. Lorsque le capitaine veut rassembler la ligne des tirailleurs pour rejoindre le soutien, il commande :

RASSEMBLEMENT SUR (TELLE) ESCOUADE.

121. A ce commandement, l'escouade de base se reforme sur deux rangs, les autres escouades en font de même en marchant, se dirigent vers l'escouade de base, et se placent à sa droite ou à sa gauche suivant leurs places de bataille. La ligne ainsi rassemblée prend telle formation que son chef juge utile, et rejoint le soutien.

122. Si le chef de la ligne veut la rassembler directement sur le soutien, il commande :

RASSEMBLEMENT SUR LE SOUTIEN.

123. A ce commandement, les tirailleurs se rassemblent par escouade sur deux rangs ; chaque escouade se dirige sur le soutien, et prend, en le rejoignant, sa place de bataille.

OBSERVATION GÉNÉRALE.

124. Cette école ne fait connaître que le mécanisme des formations d'un peloton manœuvrant en tirailleurs. Les prescriptions données à l'École de bataillon sur l'emploi des tirailleurs ont le même caractère. Les officiers doivent donc étudier, en outre, tous les détails des petites opérations de la guerre, dans lesquelles l'action du tirailleur est appelée à jouer un rôle important.

DIJON, IMPRIMERIE J.-E. RABUTÔT.

Planche Ire.

1. Caporal sapeur.
2. Sapeurs sur un rang.
3. Tambour-major.

4 et 5. Caporaux tambours. — Tambours.

6 et 7. Caporal clairon. — Clairons.

8. Cymbales, grosse caisse, caisse claire.
9. Saxtrombas, trompettes à cylindre, trombones.
10. Saxtrombas, sax-horns-contralto, cornets à piston, hautbois.
11. Sous-chef. — Petites et grandes clarinettes, petite flûte, flûte. — Chef de musique.
12. Saxophones.
13. Sax-horns.

Fig. 1.

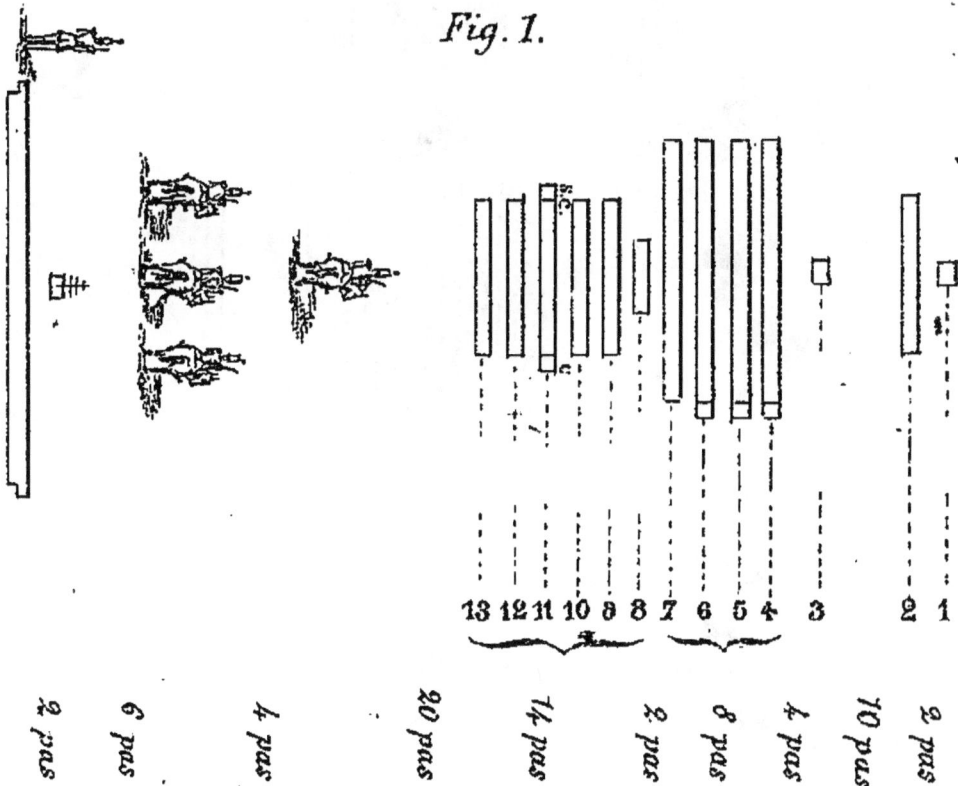

13 12 11 10 9 8 7 6 5 4 3 2 1

2 pas   6 pas   4 pas   20 pas   14 pas   2 pas   8 pas   4 pas   10 pas   2 pas

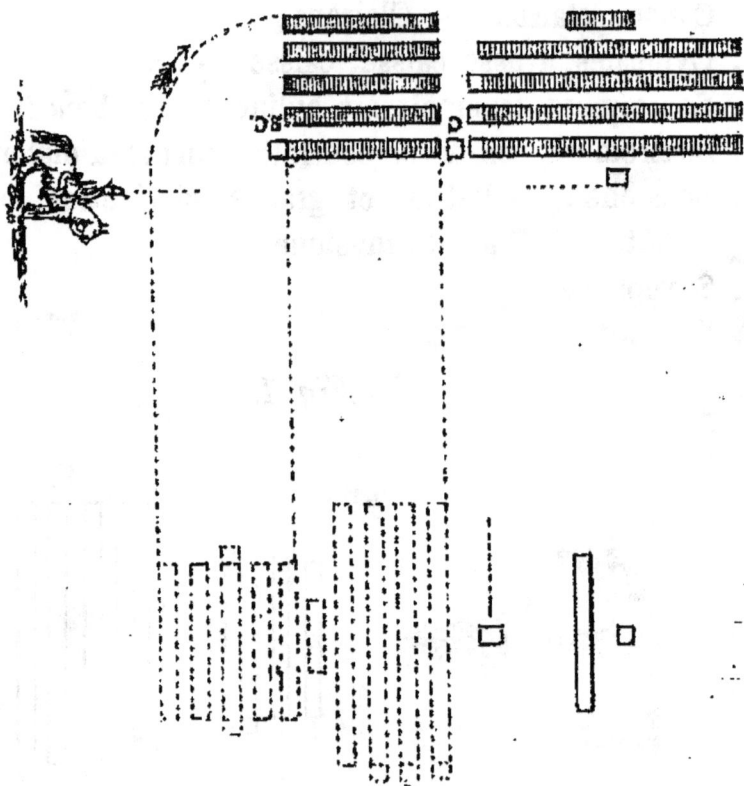

Fig. 2.

Peloton face par le premier Rang

Pl. I.

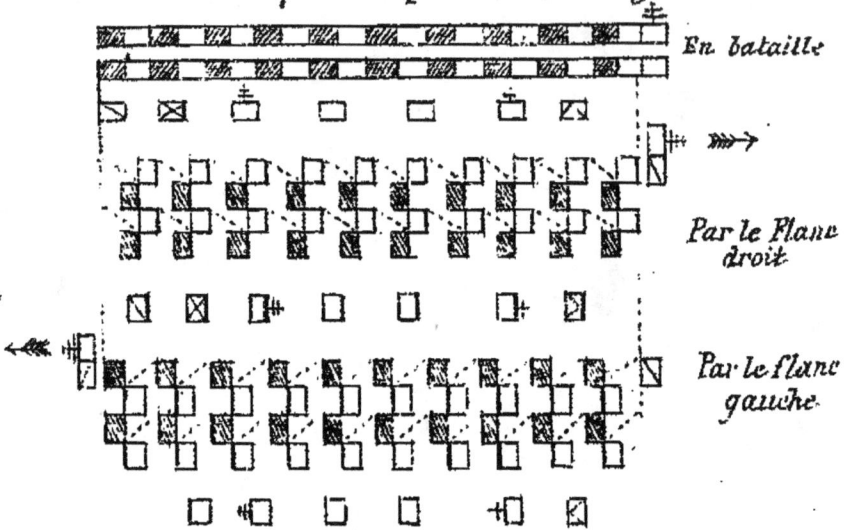

En bataille

Par le Flanc droit

Par le flanc gauche

Peloton face par le second Rang

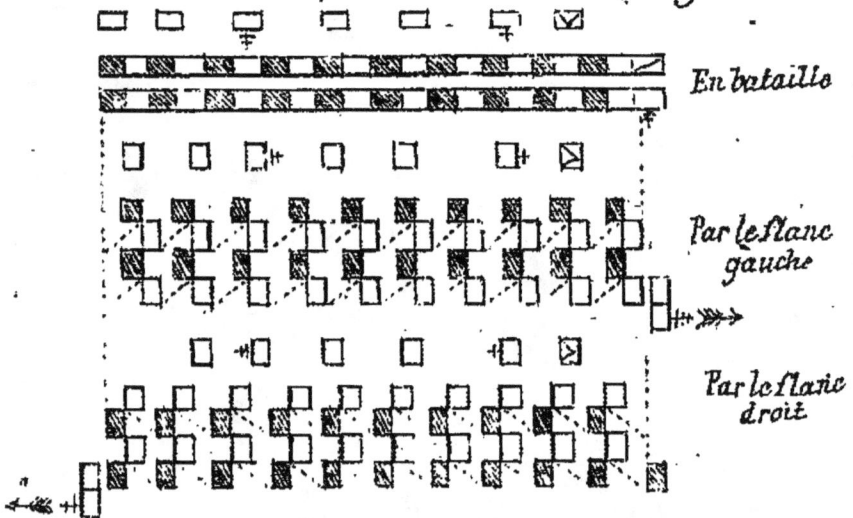

En bataille

Par le flanc gauche

Par le flanc droit

Changement de direction par file

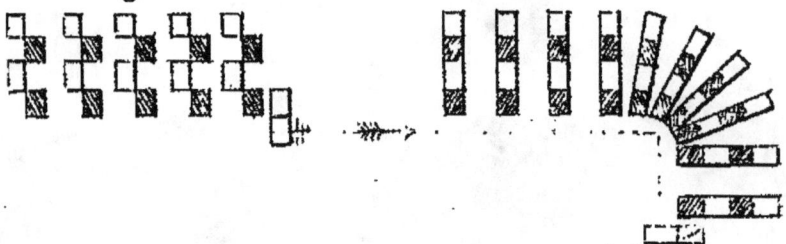

Pl. II.

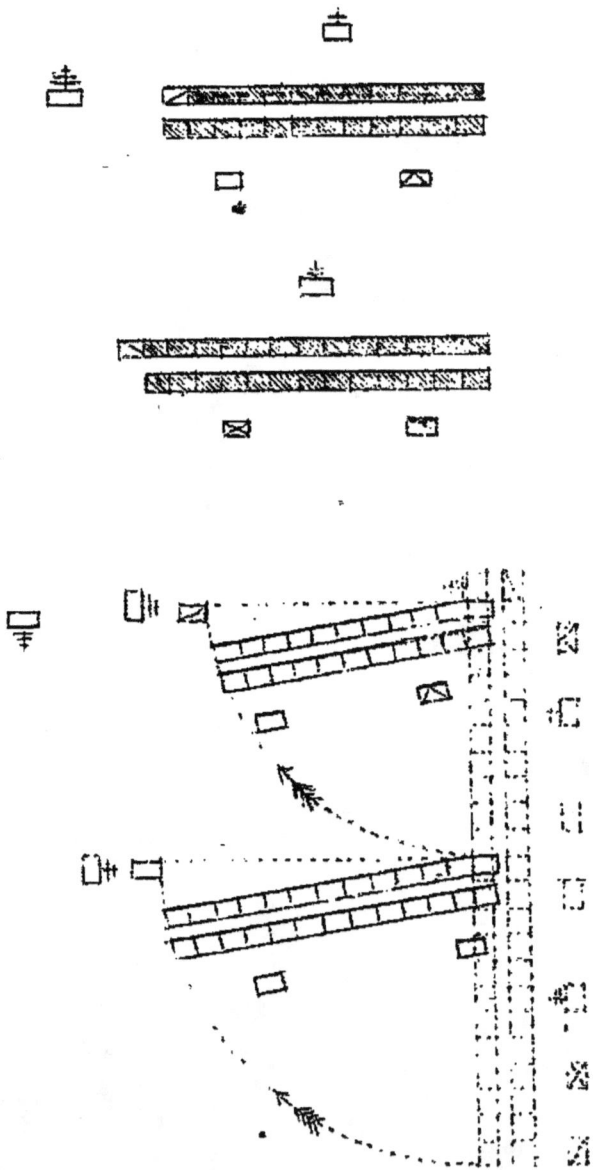

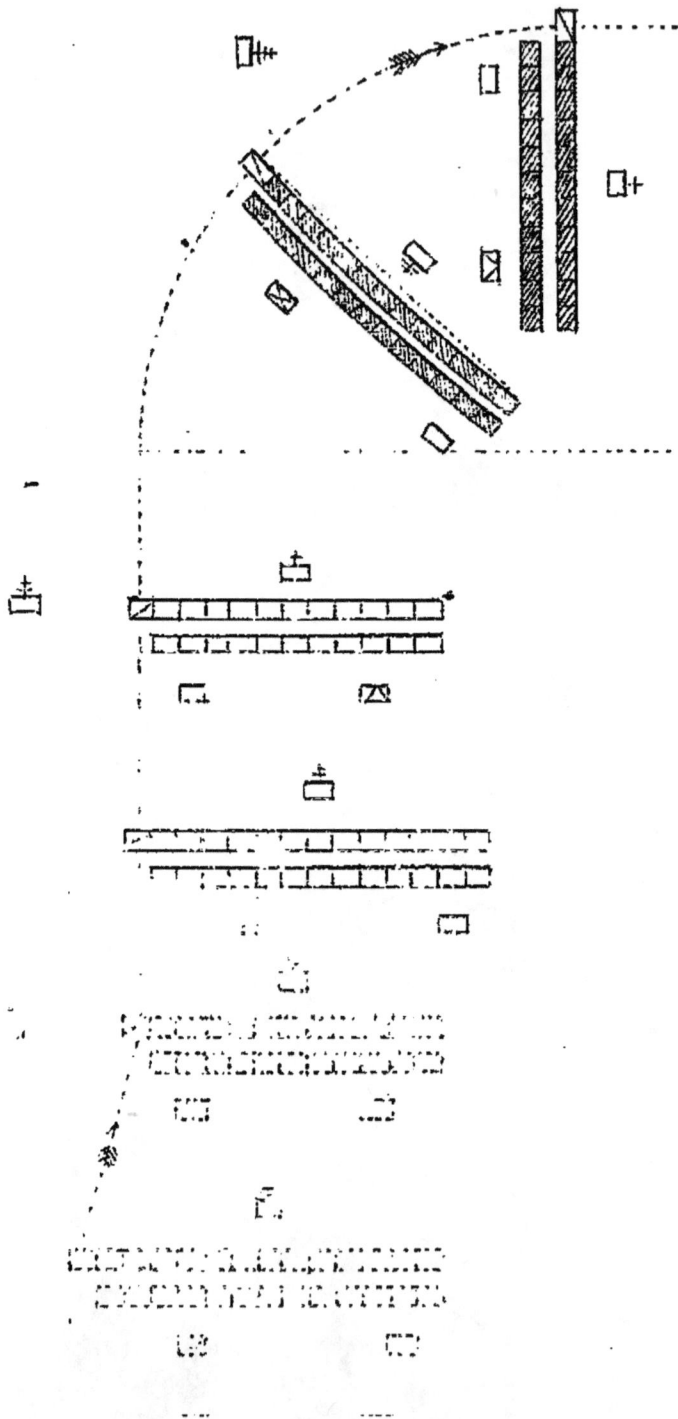

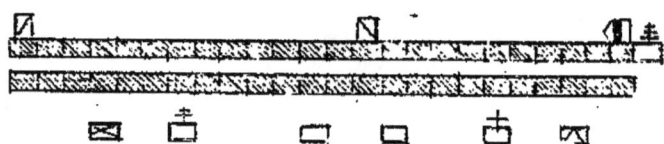

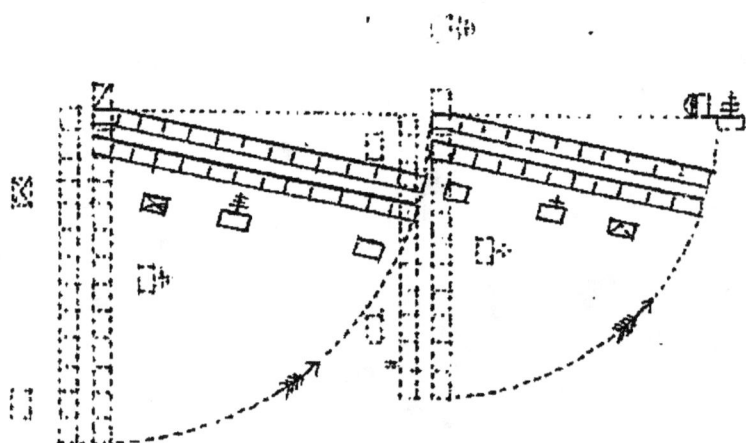

Pl. V

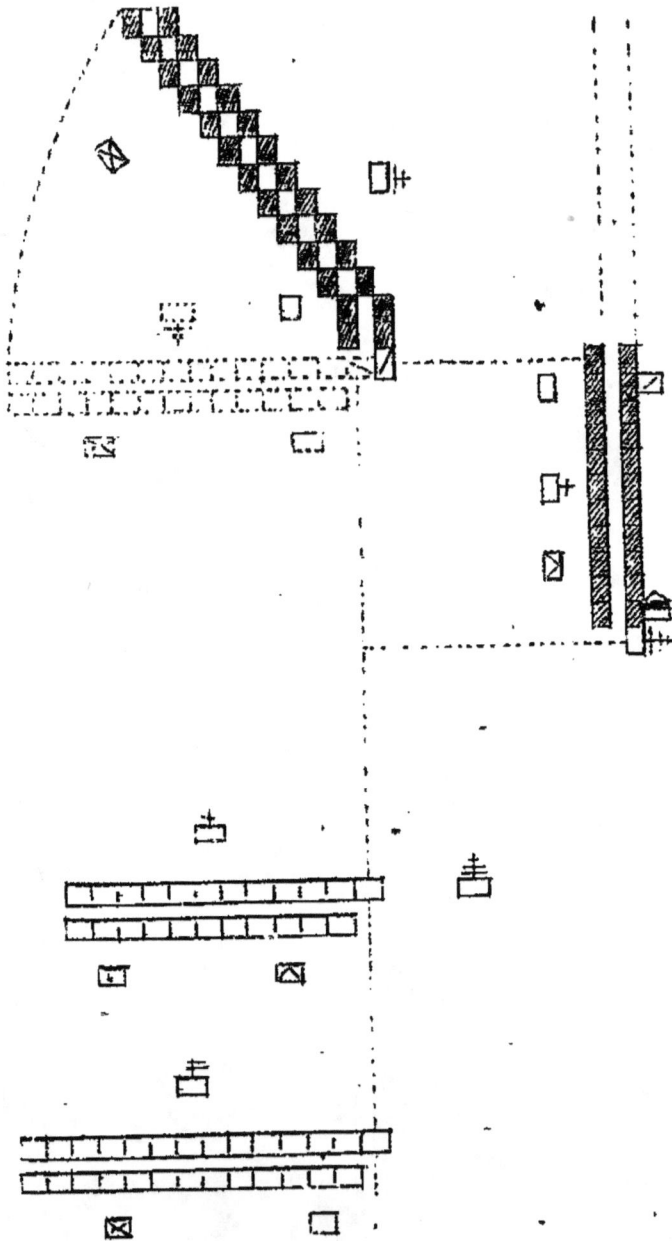

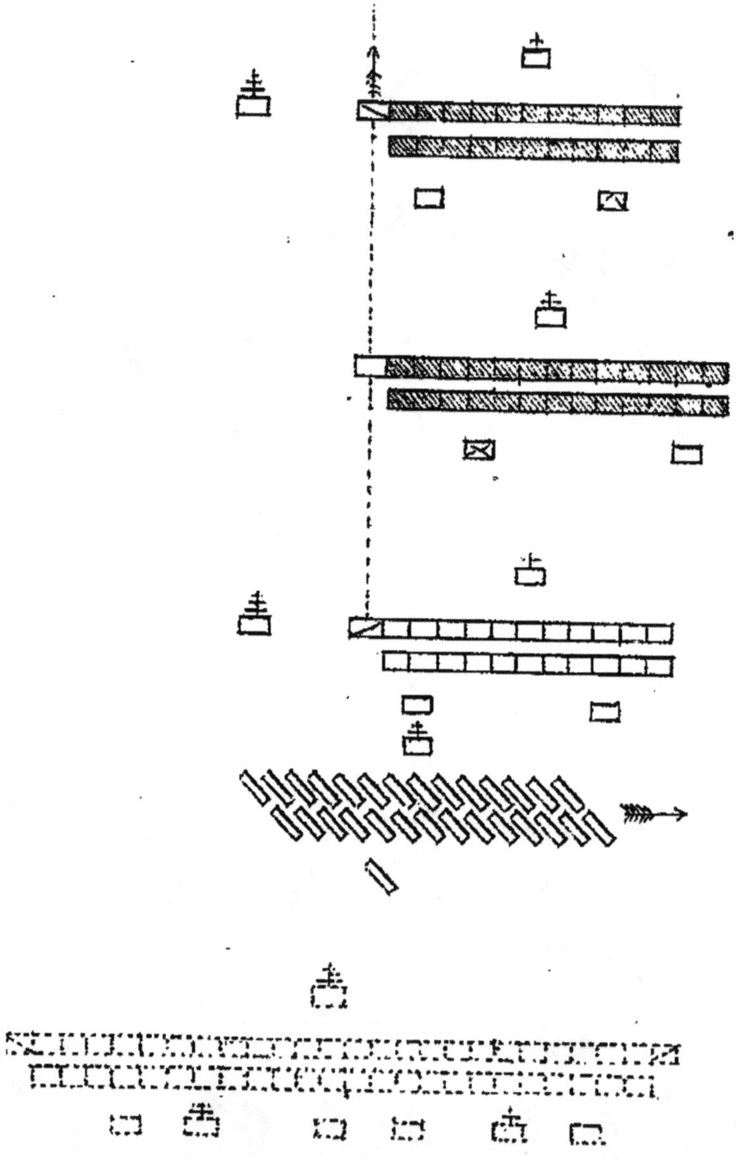

DIJON

IMPRIMERIE J.-E. RABUTOT

PLACE SAINT-JEAN, 1 ET 3